Silvana Casartelli Novelli

Con Letizia, al "cenacolo del the"

Editor
Francesca Severini

Titolo | Con Letizia, al "cenacolo del the"
Autore | Silvana Casartelli Novelli
ISBN | 978-88-31639-45-3

© 2019 - Tutti i diritti riservati all'Autore
Questa opera è pubblicata direttamente dall'Autore tramite la piattaforma di selfpublishing Youcanprint e l'Autore detiene ogni diritto della stessa in maniera esclusiva. Nessuna parte di questo libro può essere pertanto riprodotta senza il preventivo assenso dell'Autore.

Youcanprint
Via Marco Biagi 6, 73100 Lecce
www.youcanprint.it
info@youcanprint.it

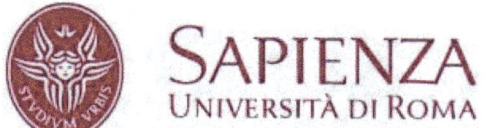

LA GALLERIA

NAZIONALE

Comunicato stampa

Con Letizia Ermini Pani, il "Cenacolo del the"

Giovedì 13 giugno 2019, ore 17.00. Aula didattica
Ingresso libero

Intervengono: Cristiana Collu, Silvana Casartelli, Francesca Romana Stasolla

La **Galleria Nazionale d'Arte Moderna e Contemporanea** presenta un incontro per ricordare **Letizia Ermini Pani**, importante studiosa e figura di riferimento in Italia per l'Archeologia Medievale, disciplina di cui è stata docente presso le Università di Viterbo, di Pisa, di Cagliari e di Roma Sapienza, nella quale si è distinta per numerosissime attività.

A lei si debbono importanti studi su molti aspetti della tarda antichità e del medioevo, dalle trasformazioni dei centri urbani, alle forme della ruralizzazione, alla creazione dei gruppi episcopali, ai centri di potere altomedievali. Membro di numerose accademie, promotrice di numerosissimi convegni, autrice di pubblicazioni che contribuiscono al sapere medievistico in Italia, ha promosso e diretto il *Corpus Inscriptiones Medii Aevi Italiae* ed il *Corpus* della Scultura Altomedievale per la Fondazione Centro Italiano di Studi sull'Alto Medioevo di Spoleto. A lei si deve la partecipazione attiva e costante alla costruzione disciplinare dell'archeologia post-classica in Italia e la sua attuale strutturazione accademica. A pochi mesi dalla sua scomparsa, avvenuta il 25 settembre 2018, la Galleria Nazionale rende omaggio a questa grande intellettuale insieme alle persone che ne hanno condiviso passioni e intenti.

Il "Cenacolo del the" ha segnato gli innumerevoli incontri nei quali lavoro ed umana cortesia si sono intrecciati nella straordinaria rete di relazioni che Letizia Ermini Pani era solita tessere. Appuntamenti costanti attorno ad una tazza di the negli studi dell'Università di Cagliari, poi nella sua casa di Trastevere, hanno costituito occasioni di riflessione, di discussione, di progettualità. Amici e colleghi si ritrovano per ragionare e raccontare, e per trasmettere una affettuosa e vitale consuetudine.

Info pubblico
Galleria Nazionale d'Arte Moderna e Contemporanea
viale delle Belle Arti, 131 – 00197 Roma
orari di apertura: dal martedì alla domenica 8.30 – 19.30
ultimo ingresso 18.45
T +39 06 3229 8221

Ufficio stampa Galleria Nazionale d'Arte Moderna e Contemporanea
gan-amc.uffstampa@beniculturali.it | T +39 06 322 98 307/308/328

Con Letizia, al "cenacolo del the"

I. Il primo "cenacolo del the" è nato all'Università degli Studi di Cagliari nell'anno accademico 1986-87, alla Cittadella dei Musei, sede dell'Istituto di Archeologia Antichità e Arte fondato da Giovanni Lilliu e diretto da Giovanna Sotgiu, che ha provveduto a unire a Letizia, in una stanza-studio, le nuove venute "da Roma", Andreina Ricci e chi vi parla.

Dove, nell'intervallo del pranzo, 'imposto' a Letizia, che *more solito* avrebbe continuato a ricevere gli studenti senza interruzioni, dal 'nudo' caffè delle otto di mattina alla cena – stante il suo 'invito' ad avere pena non solo degli animali a sangue caldo ma anche dei pesci sostanziata di 'ottime' verdure! –, ho riferito del mio casuale incontro, in abbandono in una casa rurale di Suelli (CA), con un pilastrino in pietra lavorato ad intagli di tipo geometrico e Albero della Vita.

Che ha acceso il mio più vivo interesse, sulla base dell'esperienza di studio, nel 1974, per uno dei primi volumi del *Corpus della scultura altomedievale* di Spoleto, affidatomi da Mario Salmi (e sottoposto alla sua approvazione!), dei marmi residui delle fabbriche della Cattedrale di Torino, in cui 'scintilla' - definizione lotmaniana[1] - la transcodificazione del *lignum crucis* e dell'*arbor vitae* nel *signum crucis* e negli *entrelacs carolingi*, propriamente della "età carolingia"; il cui riscontro formale conviene, a quanto è dato conoscere, alla cultura e all'azione del potente vescovo 'iconoclasta' Claudio, *missus* da Ludovico il Pio al governo della Cattedrale torinese negli anni 818-827 (Fig.1)[2].

E contestualmente ha acceso il vivo interesse di Letizia, come mostrano le foto delle prime analisi dedicate all'inedito pilastrino rinvenuto a Suelli, che vedono l'archeologa Letizia attiva in prima persona (Figg. 2-3), sulla base, non solo della sua conoscenza storico-archeologica della Sardegna paleocristiana e medievale, ma dell'esperienza di studio, sempre nel 1974 e

---

[1] Per la "bellissima metafora" di J. M. Lotman, sui *sensi racchiusi nel testo artistico*, che *alla lettura dell'interprete non coesistono immobili, ma 'scintillano'*, vedi S. CASARTELLI NOVELLI, *Il 'codice' figurativo. Letture di semiotica generale e di semiotica sistemica*, "Centro di ricerche semiotiche di Torino", VII 2 (1983), p. 165.

[2] In oggetto, S. CASARTELLI NOVELLI, *La diocesi di Torino*, Corpus della Scultura Altomedievale, VI, *Premessa* di M. SALMI, Centro italiano di studi sull'Altomedioevo (CISAM), Spoleto 1974; EAD., *L'intreccio geometrico del IX secolo, scultura delle cattedrali riformate e "forma simbolica" della rinascenza carolingia*, in *Roma e l'età carolingia*, Atti delle Giornate di Studio (Roma 3-8 maggio 1976), Roma 1976, pp. 103-113.

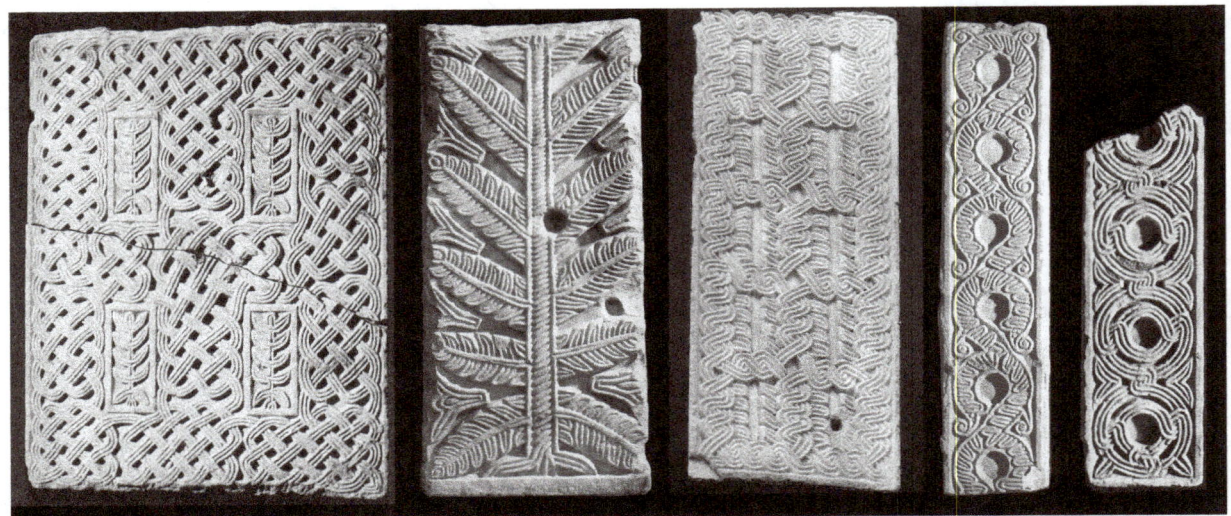

Fig. 1. Torino, Palazzo Madama. Museo d'Arte Antica: arredi da S. Salvatore.

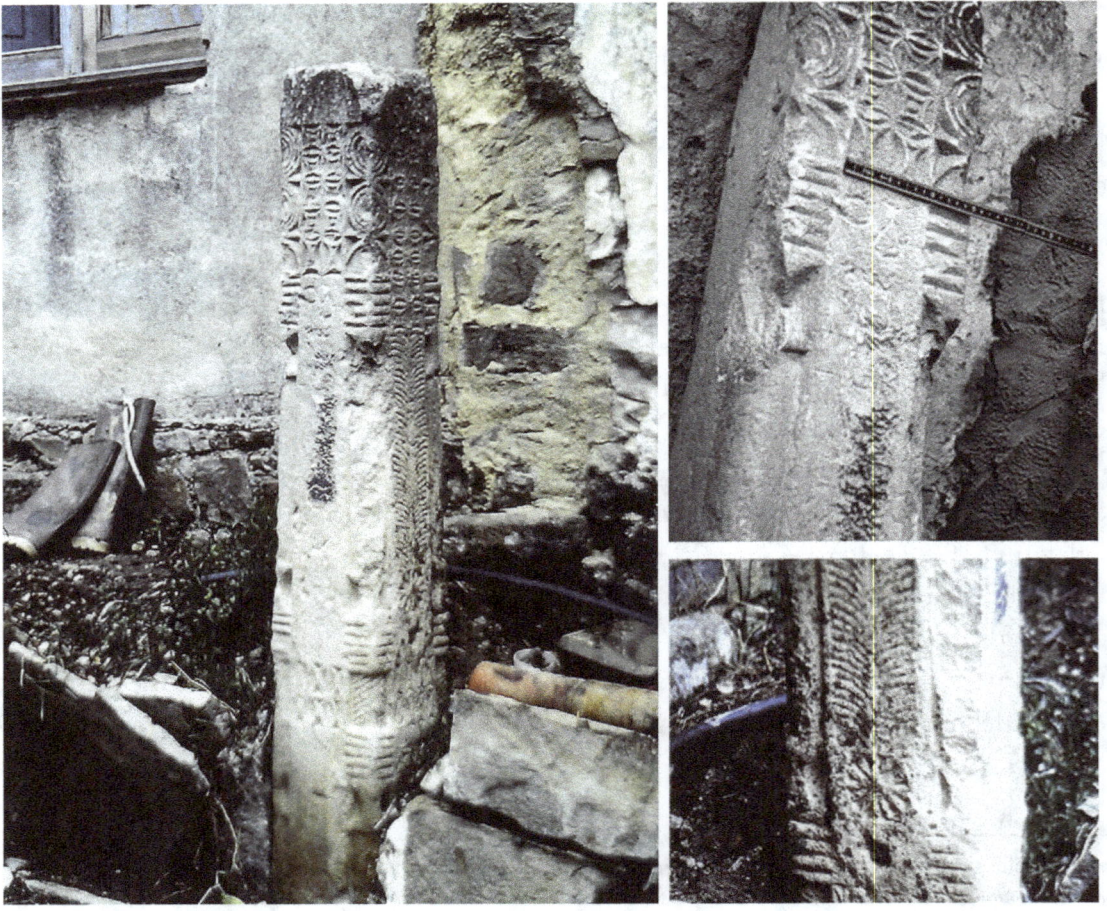

Fig. 2. Siurgus Donigala (SS). L'inedito pilastrino rinvenuto nel cortile di un'abitazione (foto Autore).

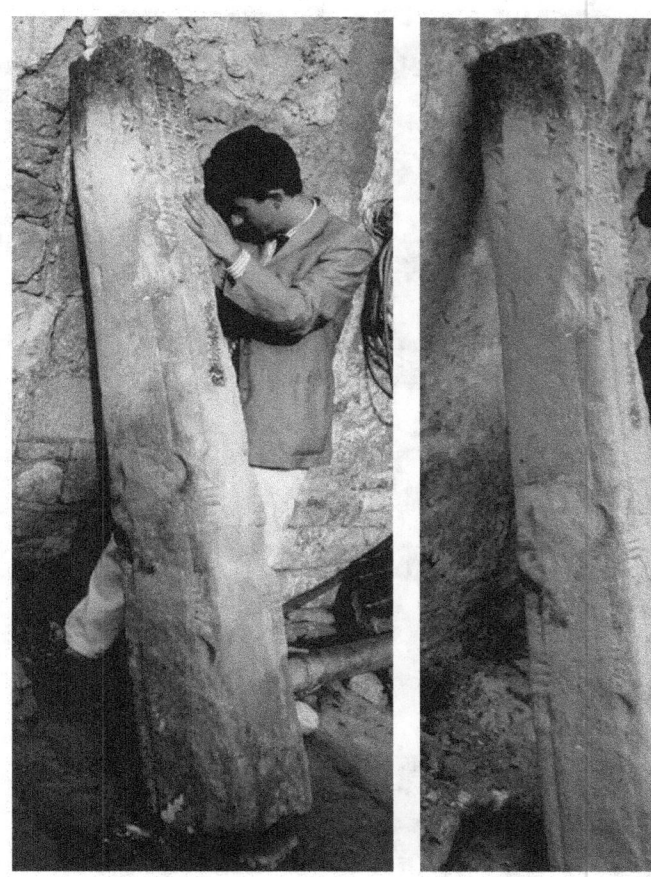

Fig. 3. Siurgus Donigala (SS). Il sopralluogo (foto Autore)

sempre per i primi volumi del *Corpus della scultura altomedievale*, dei marmi 'romani' della "età carolingia" decorati con figure dell'espressione di tipo geometrico (croci greche inscritte in quadrati e rombi, etc.) e dell'Albero della Vita (Fig. 4), residui della recinzione liturgica della nuova basilica di S. Prassede che il pontefice Pasquale I ha ricostruito magnificamente a Roma, negli anni 817-824, quale 'copia' della basilica di S. Pietro in Vaticano; ma cui compete anche la straordinaria "raccolta" di marmi che lo stesso pontefice ha creato, contestualmente, nella cappella di S. Zenone, dedicata alla madre *Theodo(ra) episcopa*[3] (Fig. 5).

---

[3] L. ERMINI PANI, *La diocesi di Roma*, I, *La IV Regione Ecclesiastica*, Corpus della Scultura Altomedievale VII, Premessa di M. SALMI, Spoleto 1974, Cat. nn. 58-64, tavv. XXVI-XXVIII; e Cat. nn. 81-94, Tavv. XXXV-XLV, in cui nella mirabile "raccolta" dei marmi 'recuperati' da Pasquale I (di certo non per ragioni 'economiche'!) nella Cappella di S. Zenone, dedicata alla madre Teodora, l'Autrice rileva l'unione degli *spolia* "classici" ai pilastrini di *puro intreccio lineare geometrico* reimpiegati negli stipiti della monumentale porta d'ingresso, quali riferibili al pontefice Adriano I (772-795).

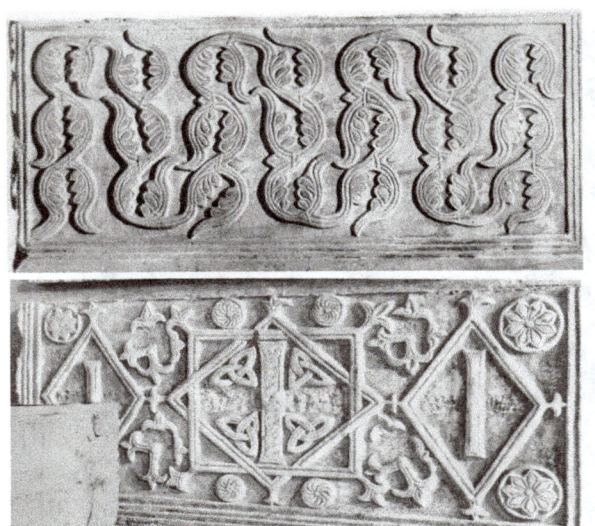
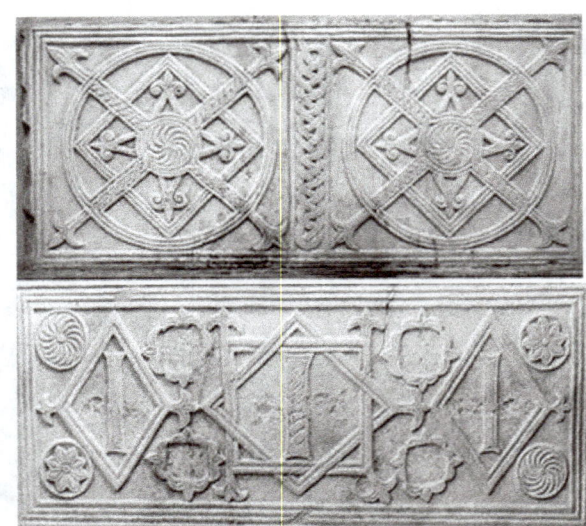
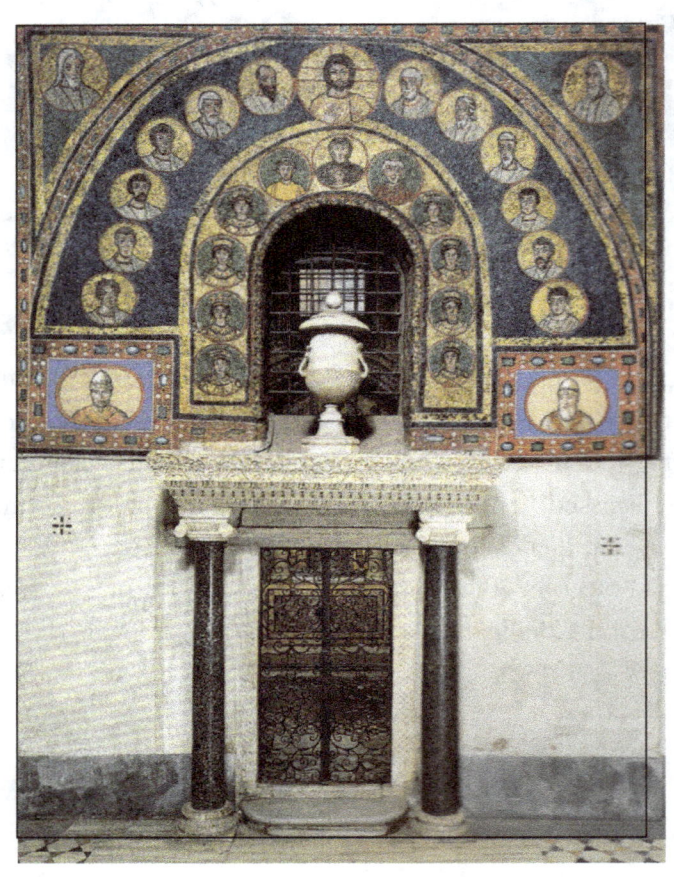

Due eminenti complessi scultorei, l'uno di marca imperiale carolingia, l'atro di marca pontificale romana, che la 'lectio' degli *entrelacs* della rinascenza/rinascita (del classico) nell'età carolingia quale 'recupero' del segno *idea e forma* di matrice greca[4] - di contro alla 'lectio' della sua 'discendenza' dall'*horror vacui* barbarico[5] -, vale ad illuminare, in essenza, quali "due facce della stessa medaglia"[6].

Da cui l'interesse scientifico di Letizia agli sviluppi della ricerca estesa agli oltre venti inediti pilastrini/*pilastres*[7], dello stesso tipo e decoro dell'inedito pilastrino di Suelli, reperiti nella regione storica della Trexenda situata, al Nord di Cagliari, nella piana centro-orientale della Sardegna[8].

Il cui gruppo principale consta degli 8 elementi (A-H) scoperti, sempre a Suelli, allineati su due file nel cortile di ingresso a Casa Ruda, antica dimora settecentesca della Trexenda (Figg. 6-7), scientificamente 'ineludibili' nel quadro del linguaggio scultoreo dalla *forma dell'espressione* di tipo *astratto/astrattivo*; suscitando un acceso *rumor*, tale da richiamare precipitevolissimevolmente "in volo" da Roma l'indiscutibile *auctoritas* in oggetto di Angiola Maria Romanini[9] (nonché responsabile della mia promozione all'insegnamento cagliaritano!), alla supervisione di un pilastrino decorato a "punte di diamante", stante, 'espiantato', sul sagrato della chiesa di S. Teodoro di Siurgus e, in particolare, della straordinaria raccolta di Casa Ruda (Fig. 9 a-b).

---

[4] Affacciata già da A. M. ROMANINI, *Problemi di scultura e plastica altomedievali*, in *Artigianato e tecnica nella società dell'Alto Medioevo occidentale*, XVIII Settimana di Studio del Centro Italiano di Studi sull'Alto Medioevo, Spoleto 1971, vol. II, pp. 425-465, Tavv. I-XLII.

[5] Vedi J. RASPI SERRA, *Le diocesi dell'Alto Lazio. Bagnoregio, Bomarzo, Castro, Civita Castellana, Nepi, Orte, Sutri, Tuscania*, Corpus della Scultura Altomedievale, VIII, Spoleto 1974, la quale, in merito al "decoro geometrico" della scultura altomedievale, e in particolare al decoro a «Korbboden» del pluteo di S Silvestro al Soratte, nr. 125, pp. 114-116, tav. LXXXI, fig. 142, leggeva *l'intaglio non saldamente definito, il gusto delle incisioni atte a creare vibrazioni luministiche ed il senso dell'«horror vacui» delle opere romane del tempo di Adriano I*.

[6] In oggetto, da ultimo, S. CASARTELLI NOVELLI, *Fuori Roma non senza Roma. Gli 'ipertesti' scultorei di Metz, di Münstair e di S. Prassede a Roma*, in TEMPORIS SIGNA, *Archeologia della tarda antichità e del medioevo*, XII-2017, pp.17-57; EAD., *Decoro a «Korbboden» (fondo di canestro): una nota sul «vizio di noi occidentali, della spiegazione mimetica delle immagini, anche in presenza di disegni astratti»*, in *Arte medievale*, s. IV, a. IX (2019), pp. 9-58; EAD., *Il sacello di S. Zenone: 'ipertesto' del messaggio* PLEBI DEI *del pontefice romano all'apice della "età carolingia"*, in *Pasquale I. 1200 anni dalla sua elezione a pontefice romano*, Convegno internazionale di studi, Roma, 9-11 novembre 2017, c.d.s.

[7] Cfr. H. LECLERCQ, *Pilastre, Pilier* in F. CABROL, H. LECLERCQ, *Dictionnaire d'Archéologie Chrétienne et de Liturgie*, t. 14, I, Paris 1939, coll. 1031-1942, figg. 10273-10284.

[8] Grazie anche alla compartecipazione, alla ricerca sul territorio, di Maria Antonietta Mongiu e delle sue allieve del Corso professionale della Regione Autonoma della Sardegna per Tecnici in Beni Culturali dell'anno scolastico 1986-87 e della mia prima futura laureanda Annachiara Cambus.

[9] Dei saggi che, proseguendo ad analizzare le matrici culturali dei cosiddetti "entrelacs carolingi", Angiola Maria Romanini aveva, nel frattempo, dedicato al linguaggio *astratto/astrattivo* della scultura altomedievale quale 'recupero' del segno *idea e forma* di matrice greca, richiamo, in particolare, *Tradizione e «mutazioni» nella cultura figurativa precarolingia*, in *La cultura antica nell'Occidente latino dal VII all'XI secolo*, Atti della XXII Settimana di studio del Centro Italiano di Studi sull'Alto Medioevo (Spoleto 18-24 aprile 1974), Spoleto 1975, pp. 759-798, Tavv. I-LVIII; EAD., *Il concetto di classico e l'Altomedioevo*, in *Magistra Barbaritas. I barbari in Italia*, Collana Antica Madre, 7, a cura e *Premessa* di G. PUGLIESE CARRATELLI, Milano 1984, pp. 665-678, in cui emerge in piena luce l'*optima hereditas* classica, quale 'performativa' della unità di linguaggio della scultura a funzione liturgica dell'Europa "carolingia" di Carlo Magno (800-814) e di Ludovico il Pio (814-840).

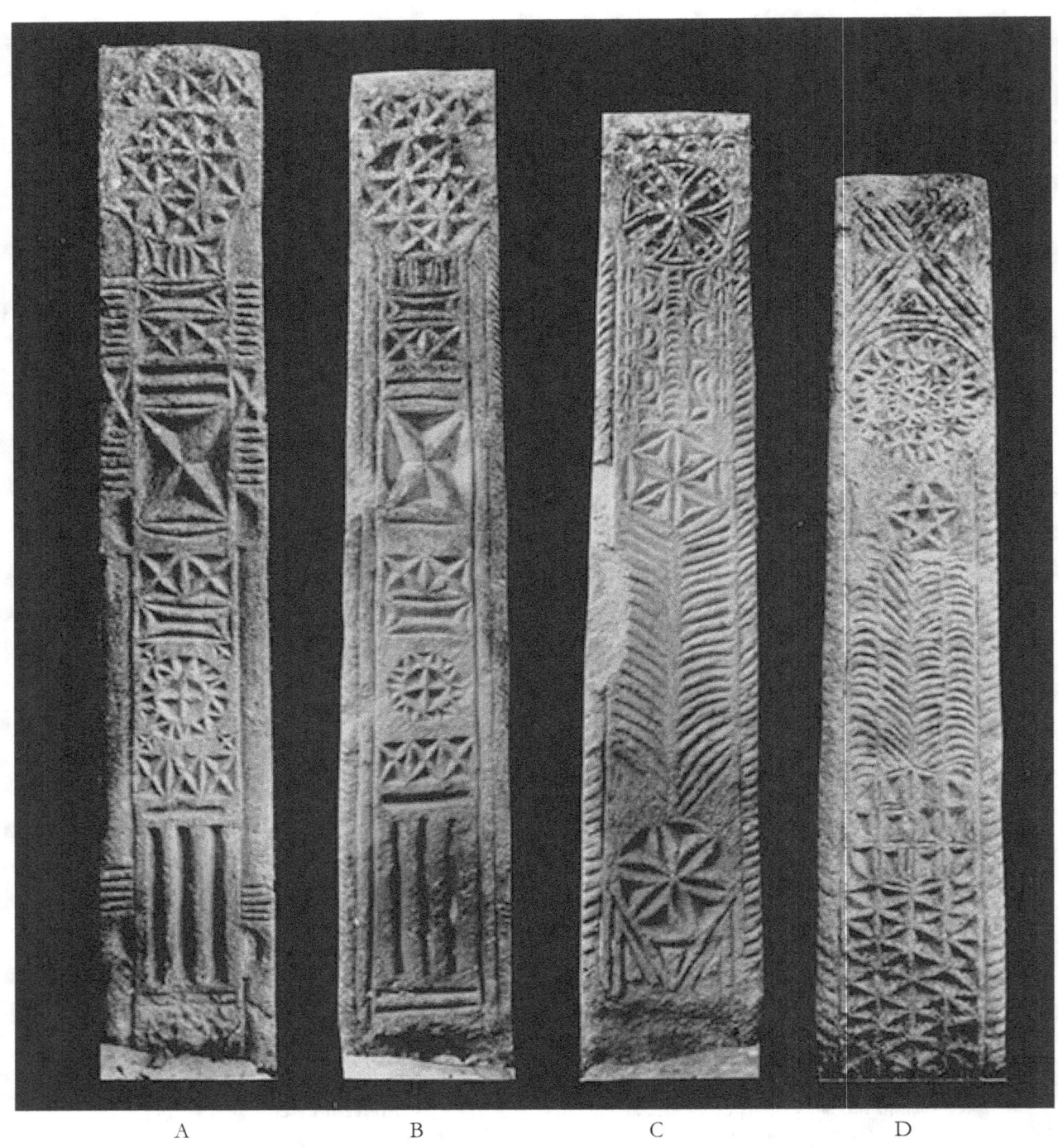

Fig. 6. Suelli (CA), Casa Ruda. La faccia (convenzionale) Est dei pilastrini A-D (foto P. Dell'Aquila).

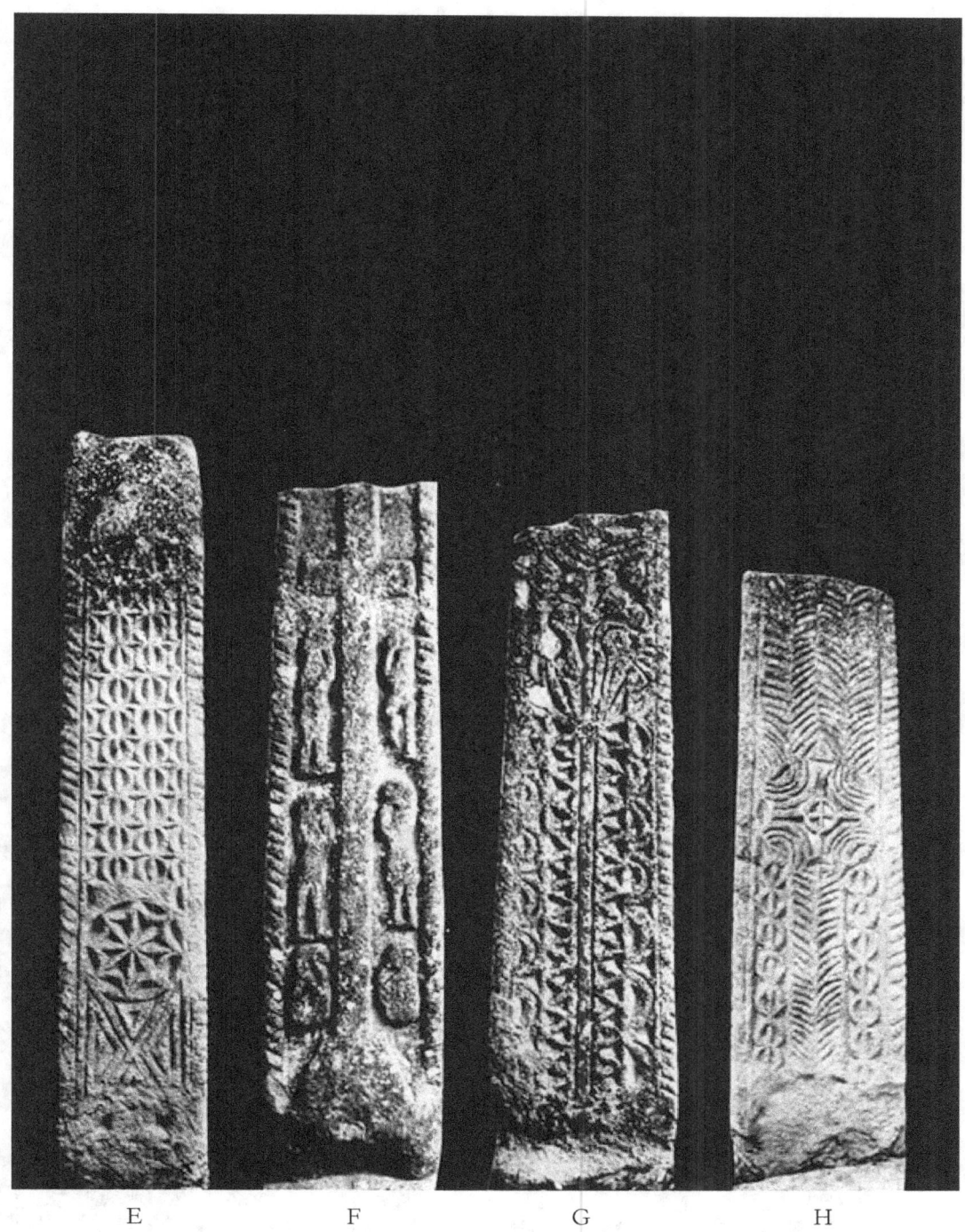

Fig. 7. Suelli (CA), Casa Ruda. La faccia (convenzionale) Est dei pilastrini E-H (foto P. Dell'Aquila).

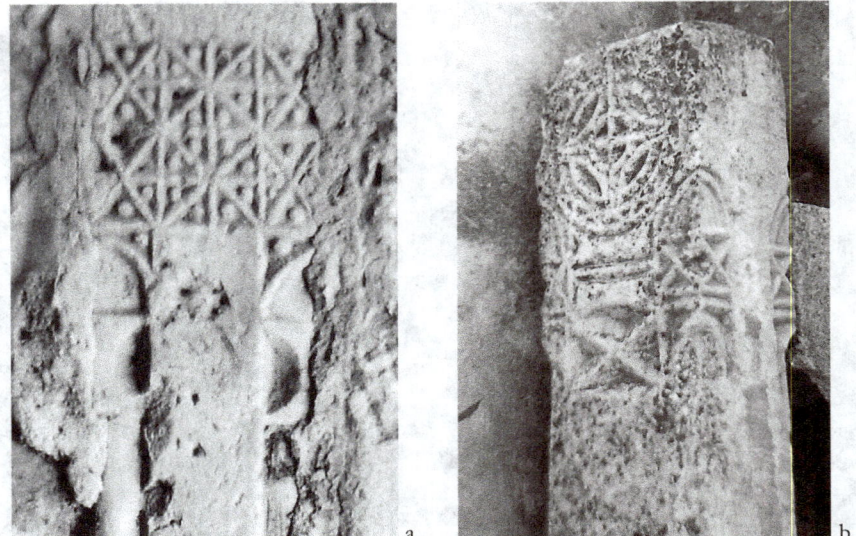

Fig. 8. Particolare del pilastrino N da Suelli (a) e del pilastrino P da Siurgus (b) (foto Autore)

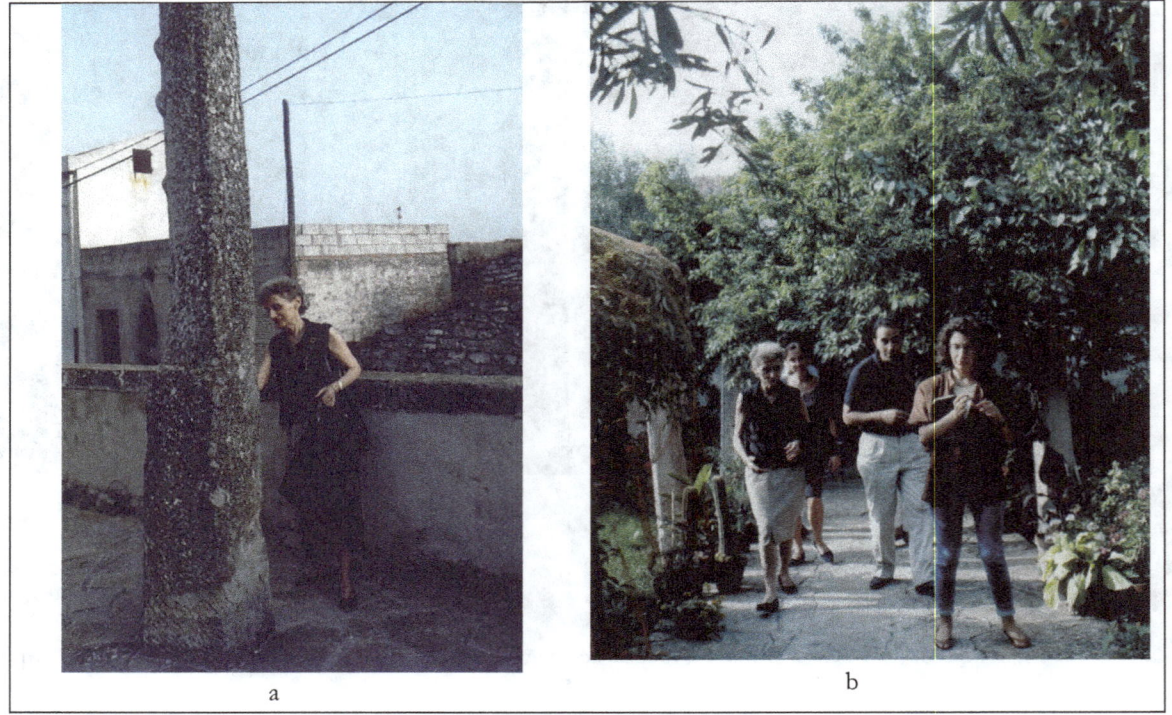

Fig. 9 Angiola Maria Romanini durante il sopralluogo al pilastrino di S. Teodoro di Siurgus (a) e ai pilastrini di Suelli, Casa Ruda (b).

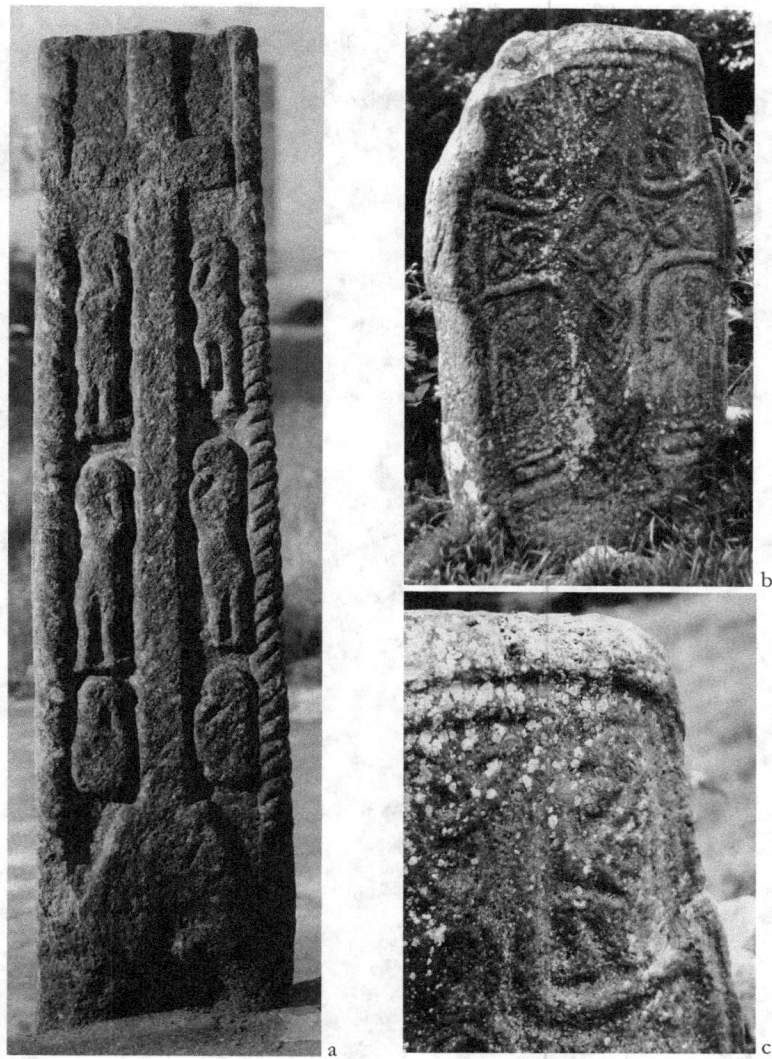

Fig. 10. a) Suelli, Casa Ruda. Il pilastrino F con la raffigurazione simbolica del "nutrirsi della croce; b-c) il suo omologo irlandese nella stele-croce da Drumhallagh, co. Donegall (foto Autore).

Dove la faccia principale (convenzionale Est) del pilastrino F mostra la figura simbolica del 'nutrirsi' della Croce (Fig. 10 a) il cui omologo simbolico-semantico, nella mia *peregrinatio* nelle *domus deliciis plenae ex Aegytpo transductae*, sorte cioè nel territorio degli antichi Celti e Germani dalla matrice della Tebaide cristiana d'Egitto[10], ho riscontrato, anche se scarsamente leggibile per la sua plurisecolare esposizione all'aperto, nella stele irlandese di Drumhallagh (Fig. 10 b-c)[11]; nel mentre che le mirabili traduzioni formali dell'*arbor mundi* nell'*arbor vitae* della faccia Est dei pilastrini C,D,G,H, co-testuali alle figure del cerchio e delle sue scansioni "a

---

[10] In oggetto, S. CASARTELLI NOVELLI, «*Domus deliciis plena/ super petram constructa/ necnon vinea vera/ ex Aegypto transducta*». *La Montagna, la Valle, il Deserto*, in L. ERMINI PANI (a cura di), *DE RE MONASTICA III. Le valli dei monaci*, Convegno internazionale di studio (Roma-Subiaco, 17-19 maggio 2010), Incontri di studio 9, Fondazione CISAM, Spoleto 2012, Vol. I, pp.79-114.

[11] Cfr. S. CASARTELLI NOVELLI, *Le nuove "pietre fitte" sarde a decoro geometrico e astratto e il testo della croce monumentale*

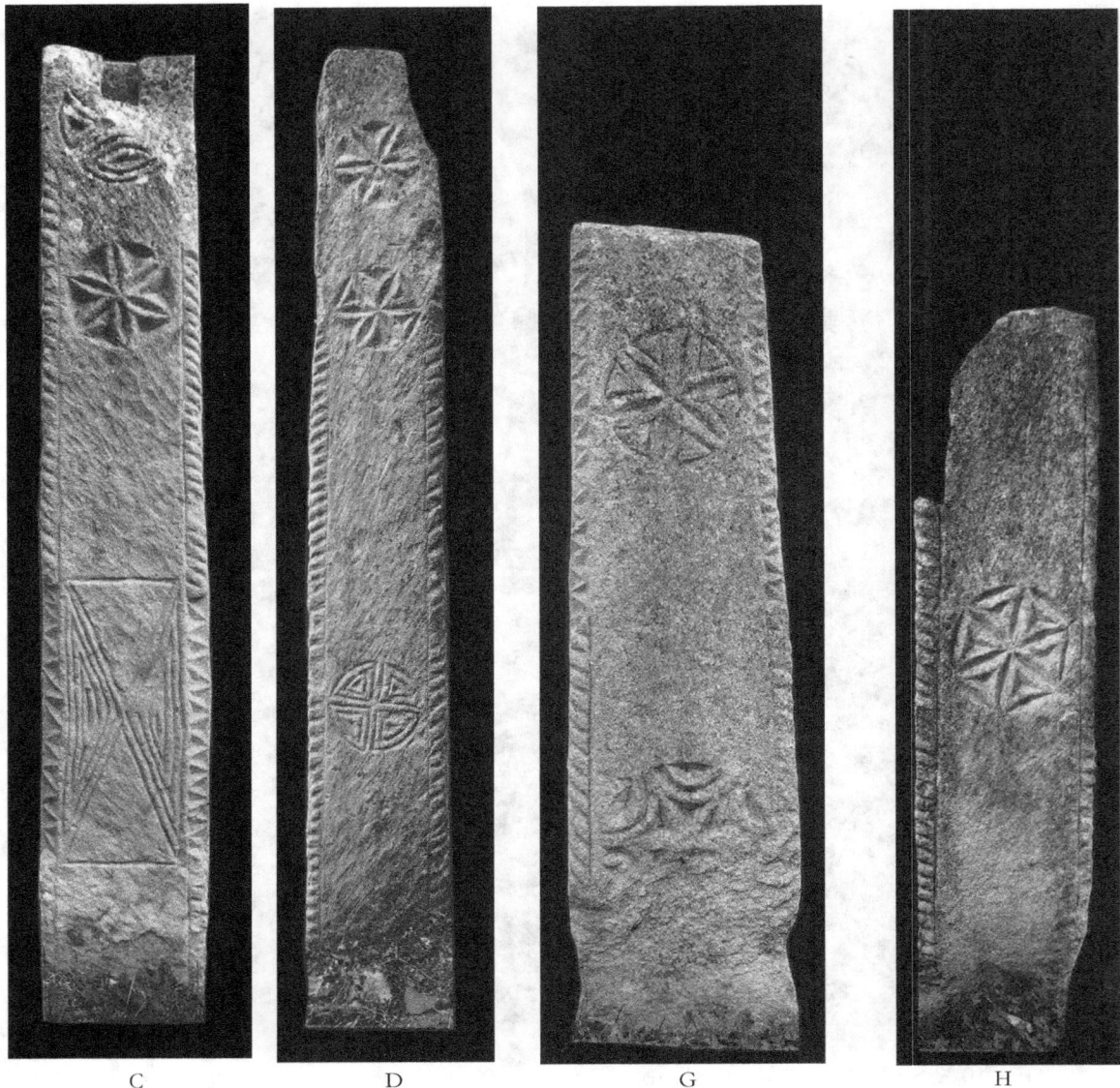

Fig. 11. Suelli (CA), Casa Ruda. Le facce posteriori e/o laterali dei pilastrini C, D, G e H (foto P. Dell'Aquila).

intaglio" delle facce posteriori e/o laterali (Fig. 11), risultavano omologhe al linguaggio scultoreo di simbolica cristiana dell'Africa Romana e in particolare dell'Algeria (Fig. 12), fra cui la raccolta dei marmi di Tebessa (Figg. 13-14), nei quali spiccano il pilastrino rilavorato con Albero della Vita desinente in un cerchio con il *Chrismon* e lettere apocalittiche e il pilastrino a fitti intagli geometrici di cerchi inscritti, di quadrati, rombi, etc., e desinenti in propaggini arboree.

Tutte *pierres levées* incise dal ferro, quindi non rispondenti alla tradizione dei *betili / casa del dio* (Genesi, 28,10-19) o dell'altare innalzato a Dio *in pietre naturali non toccate da strumenti di ferro del precetto ebraico* (Deuteronomio 27,5-6); nelle quali *pierres levées* emerge la 'transcodificazione' dell'immagine del 'Centro' (croce greca, quadrato, etc.) come dell'Albero *axis mundi*, da

---

quale Albero della Vita di Apocalisse, II 7, in *Arte medievale*, s. II, a. III, 2 (1989), pp. 37, 39, figg. 33, 38.

immagini dell'ordine del mondo delle prime cosmogonie, e dalle immagini che gli Antichi Egizi hanno dedicato al credo della 'rigenerazione' ciclica della natura e della 'rigenerazione' del defunto nelle *entités vitales et spirituelles* ka e ba *qui survivaient à la mort du corp, destiné tout de même à la momification*[12], alle immagini della 'essenza' delle cose di matrice filosofica greca e, quindi, alle figure dell'espressione della 'rigenerazione' spirituale di simbolica cristiana[13].

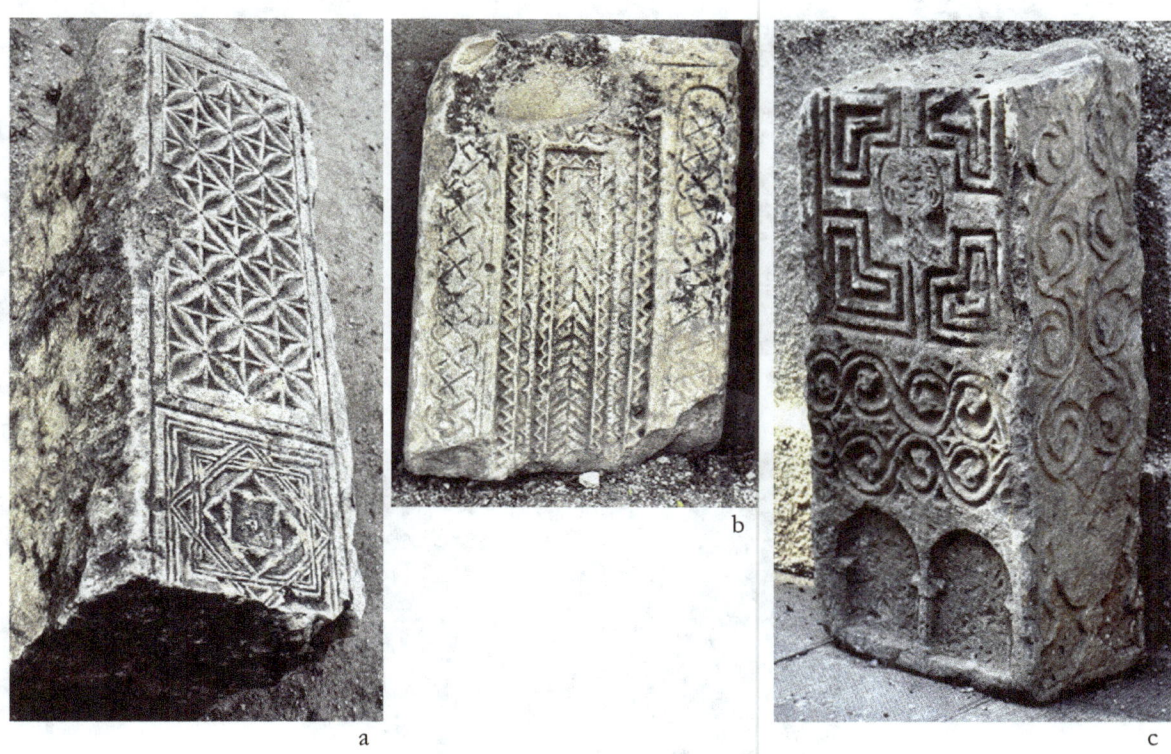

Fig. 12. Il linguaggio scultoreo di simbolica cristiana dell'Africa Romana e in particolare dell'Algeria: a) Kenchela; b-c) Djemila (foto Autore).

---

[12] La citazione da T. OBENGA, *L'Égypte, la Grèce et l'École d'Alexandrie. Histoire interculturelle dans l'Antiquité, Aux sources égyptiennes de la philosophie grecque*, Paris 2005, p. 26, 215; in generale, vedi S. DONADONI, *Introduzione*, in *Il cammino di HARWA. L'uomo di fronte al mistero: l'Egitto*, a cura di F. TIRADRITTI, Milano 1999, pp. 13-15. In oggetto, S. CASARTELLI NOVELLI, *I segni egizi 'Ka' e 'Ba'; la memoria 'storiografica' di Roma; la "solitudine" dell'Occidente. Qualche riflessione in tema (a passo di gambero)*, in G. VESPIGNANI (a cura di), *Polidoro. Studi offerti ad Antonio Carile*, Collectanea 29, Spoleto 2013, I, pp. 263-264.

[13] In tema, principalmente, M. ELIADE, *Images et symboles. Essai sur le symbolisme magico-religieux*, Paris 1952, arricchito nella *édition renouvellé*, Paris 1980, pp. 7-9, di un "*Avant-propos*" di G. DUMEZIL dedicato al "simbolismo del Centro" e le sue 'alloimmagini'. Per la 'transcodificazione' cristiana delle figure "belle in sé" di matrice greca, principalmente, B. FORTE: *La porta della Bellezza. Per un'estetica teologica*, Brescia 1999; ID., *Bellezza splendore del vero. La rivelazione della bellezza che salva*, in *Cristianesimo e bellezza. Tra Oriente e Occidente*, a cura di N. VALENTINI, Milano 2002, p. 59.

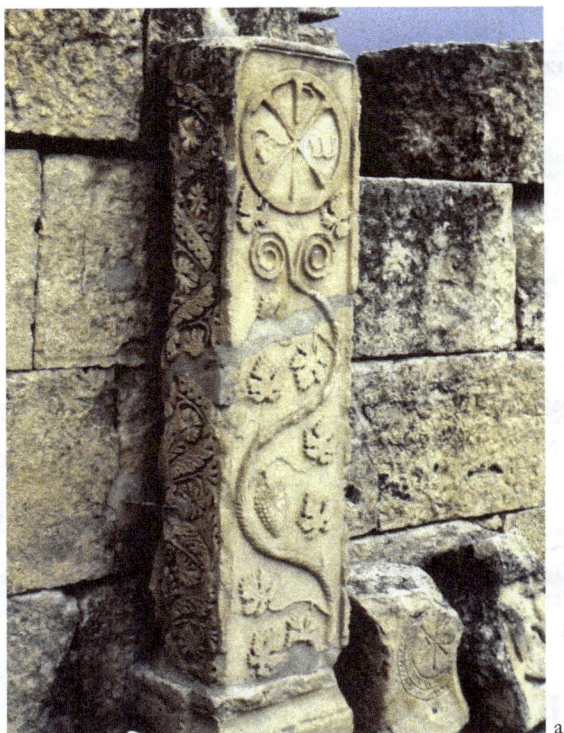
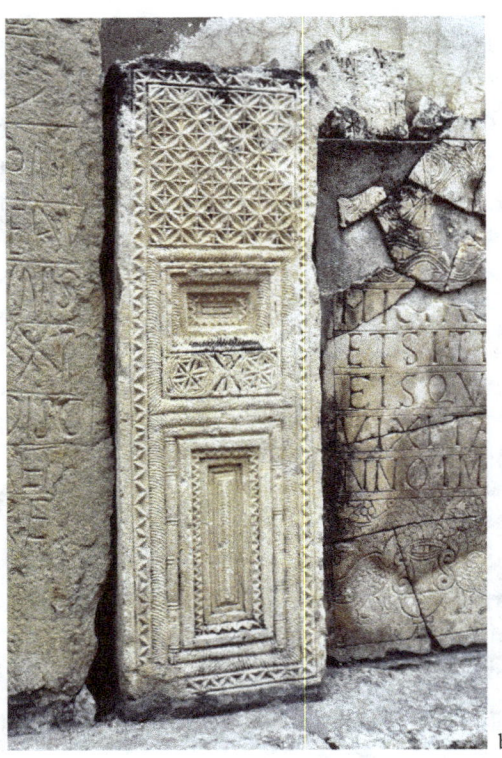
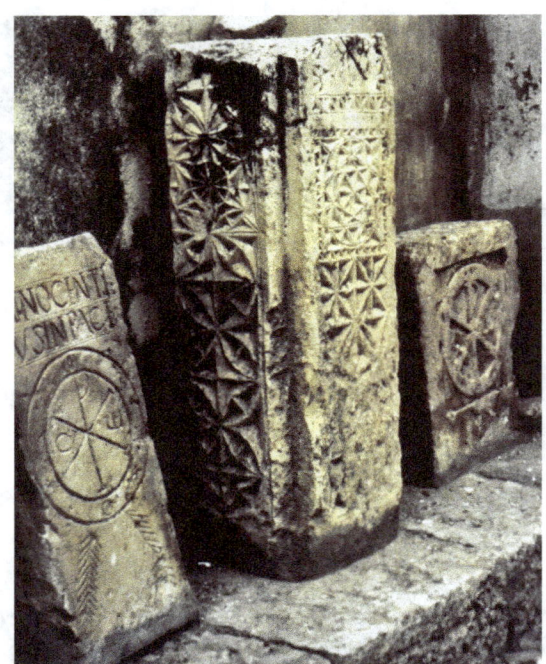

Fig. 13. Tebessa, (Algeria), a) basilica paleocristiana; b-c) Museo del Tempio di Minerva (foto Autore).

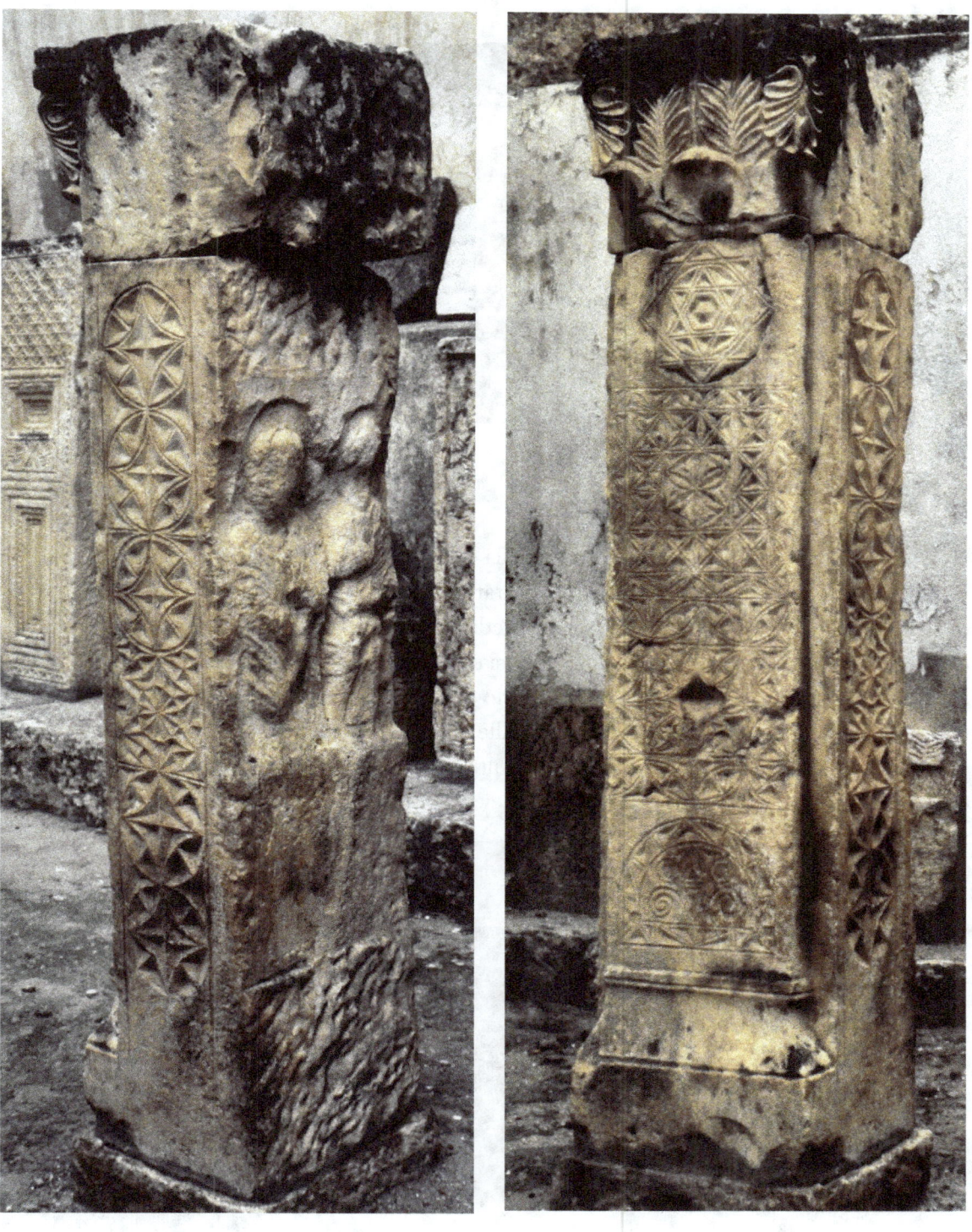

Fig. 14. Tebessa (Algeria), Museo del Tempio di Minerva (foto Autore).

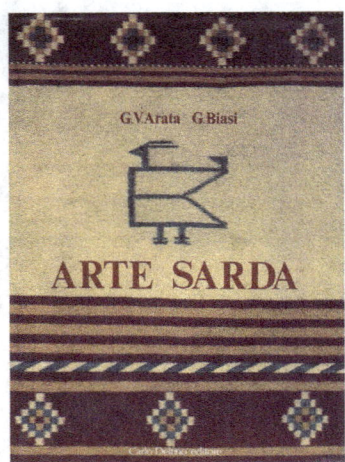

II. Nell'anno accademico 1986-87, l'anno della creazione del "cenacolo del the" cagliaritano, vedeva la luce in Sardegna la ristampa anastatica del volume che l'architetto Giuseppe Arata e il pittore Giuseppe Biasi avevano dedicato nel 1935 a *L'Arte Sarda*[14] (Fig. 15), documentando il patrimonio di immagini usi e costumi che la Sardegna aveva conservato, nei secoli, fino al tempo in cui lo statuto primario dell'immaginario del sacro inciso nella "pietra", dalle *perdas fictas* o *menhir* (Fig. 16 a-b), e dalle tombe in grotta delle *domus de janas* (Fig. 17 a-b), attraversata la grande stagione della cultura nuragica del XIV-X secolo a.C., e quindi dell'età fenicio-punica e dell'età romana, aveva attinto l'arte della Sardegna "cristiana" fino ai secoli XVII-XIX.

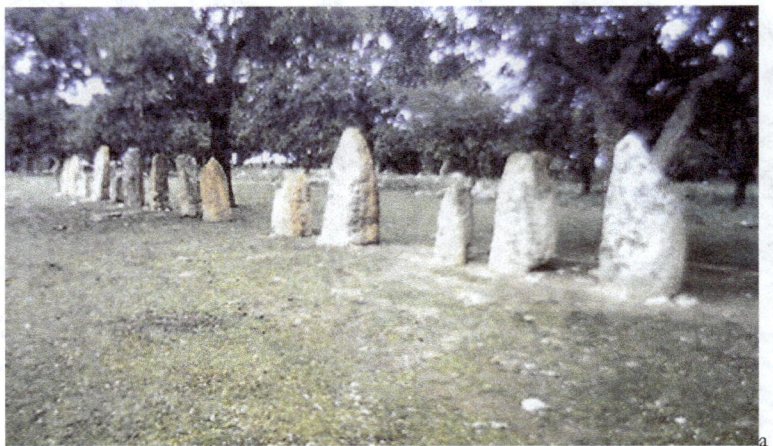 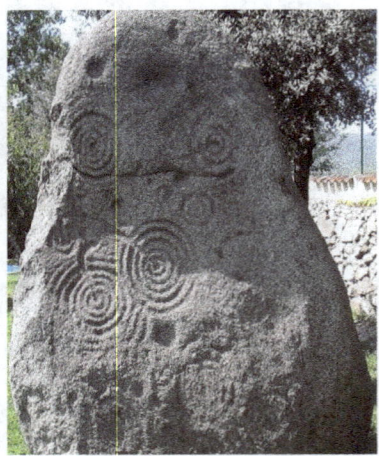

Fig. 16. a) Goni (CA). Sito archeologico di Pranu Mutteddu (IV – III Mill. A.C); b) Mamoiada (NU). *Sa Perda Pintà* o Stele di Boeli (3500 a.C.).

---

[14] G. ARATA, G. BIASI, *Arte Sarda*, Milano 1935; ristampa anastatica Sassari 1986.

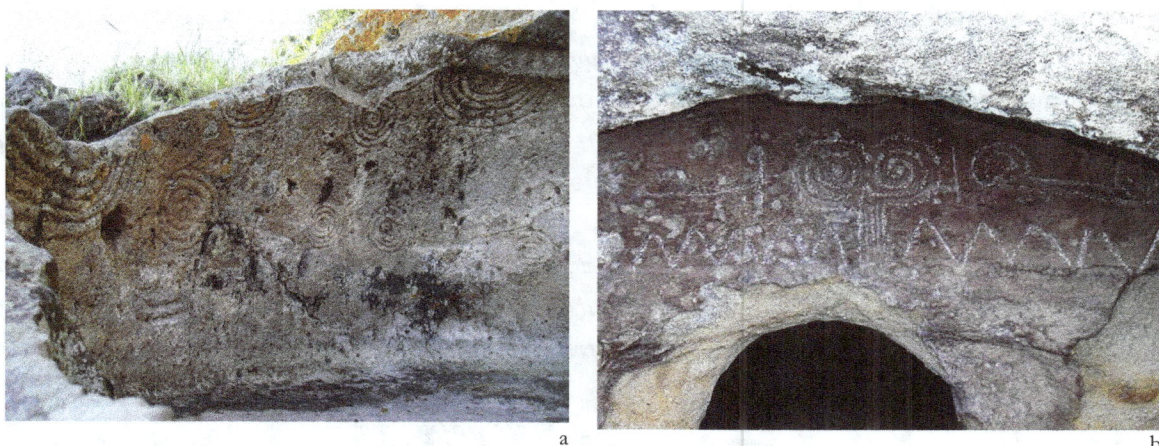

Fig. 17. a) Villaperuccio (CI), Necropoli di Montessu. *Domus de janas*: Tomba delle spirali; b) Pimentel (CA). *Domus de janas* di Corongiu.

E presentava, in oggetto, la documentazione dei sostegni lignei del portico ("*sa lollà*") di una antica casa di Sinnai, e del portico di una casa di Settimo San Pietro (Fig. 18 a-b), annotando:

In alcune case signorili del Campidano di Cagliari, tanto i montanti verticali che le travi orizzontali del portico sono riccamente decorate da figure di animali, da intagli minuti e geometrici che ricordano e ripetono motivi tratti dai cassoni nuziali; o sono dipinti a vivaci colori con elementi presi dalle vecchie chiese dell'Isola[15].

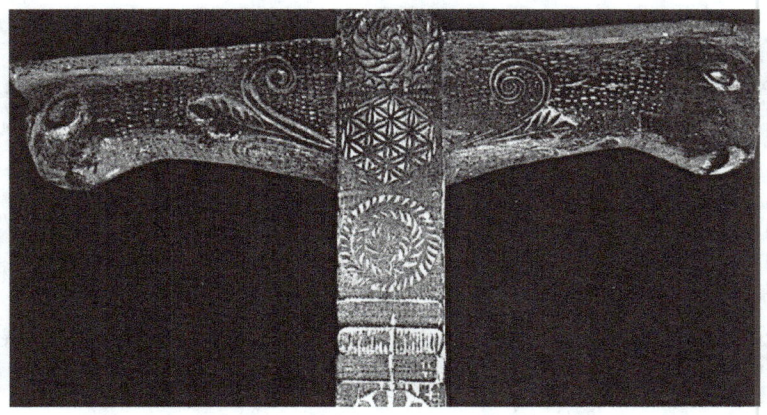
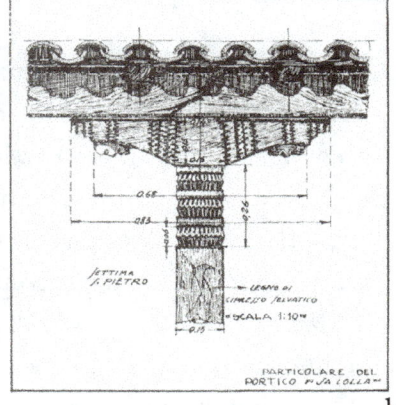

Fig. 18. La *"lolla"* nel portico di una casa a Sinnai, CA (a) e a Settimo S. Pietro, CA (b).

---

[15] *Ibidem*, pp. 110-112.

E in merito alla *singolare decorazione dei sigilli e stampiglie destinate a contrassegnare con nitore la superficie tenera del burro, delle focacce e del pane non ancora cotto*, richiamava gli stampi lignei della Collezione Clemente (Fig. 19); nei quali, pur riscontrando *un vago carattere egiziano* ed *elementi di sapore greco*, prevaleva in ultimo, nell'analisi, *il riscatto della vergine e incorruttibile grande anima sarda*; dove, siamo nel 1935 (!) si impone il nefasto concetto di 'razza', della *diverse razze occidentali e nordiche*, etc.: per cui, leggiamo:

(…) *il motivo semplice di un disegno può facilmente essere scaturito da due cervelli di razze diverse (…), ma esaminando con acuta analisi tutto il substrato e tutte le caratteristiche sostanziali della diversa produzione popolare, non è difficile individuare le nazioni o le razze che l'hanno prodotta*[16].

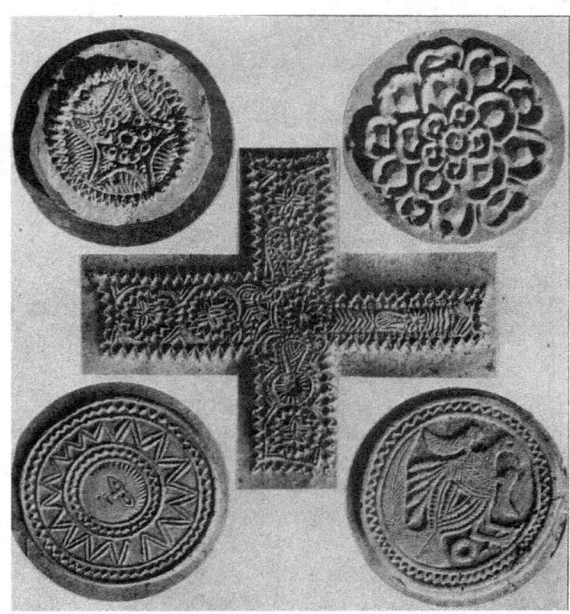

Fig. 19. La "produzione artigianale" di stampi e sigilli della Collezione Clemente (SS).

Un giudizio che escludeva ogni 'omologia' con le *produzioni popolari* esterne alla Sardegna; per rilevarne quindi il 'degradarsi, ai primi del XX secolo, al tempo dei *sovvertimenti speculativi dei corruttori dell'artigianato nella sua mercificazione folkloristica*[17].

Volume preso 'avvedutamente' in analisi nel 1941 – nel pieno degli orrori prodotti della seconda guerra Mondiale! – da Giovanni Lilliu, nella sua ineguagliabile conoscenza della civiltà dei Sardi dal Paleolitico fino al linguaggio della *pietra e del legno nell'architettura e nell'artigianato sei-settecentesco*[18]; in cui Lilliu ha riconosciuto nella loggia '*lolla*' e nella decorazione architettonica delle case, come nella *piccola arte dell'intaglio geometrico delle cassepanche e delle arche*, etc., un linguaggio '*artigianale*' che, agendo *al di là delle influenze esterne, nella sua agile e ed ecclettica*

---

[16] *Ibidem*, p. 38.
[17] *Ibidem*, pp. 129-134.
[18] G. LILLIU, *Architettura sei-settecentesca in Marmilla*, in *Studi Sardi*, Regia Università di Cagliari 1941, V, fasc. I-II, pp. 165-188.

maniera del confondere il passato nel presente è un superstite dell'arcaismo[19].

Ossia del codice archetipico e planetario dell'immaginario del sacro, creato, senza distinzione di "razze", dall'«*Homo faber, ludens, sapiens, religiosus*, in sintesi *Homo symbolicus*, storico e transtorico»[20].

La 'lectio' che ha attraversato le molte pubblicazioni e riflessioni nazionali e internazionali in tema di 'arcaismo', succedutesi, a pieno ritmo, dall'ultimo quarto del "secolo breve": di cui, del 1975 (?) cito il volume, di altro territorio e più ampio quadro storiografico di Pier Carlo Jorio, presentato dall'archeologo Carlo Carducci, dal titolo *IN PRINCIPIO ERA LA PIETRA. Matrici preistoriche della cultura pastorale alpina*[21] (Fig. 20 a); il volume "a tutto quadro" di Raymond Humbert, *Le symbolisme dans l'art populaire*, pubblicazione parigina del 1988, edizione italiana *SIMBOLI e arte popolare. Immagini e oggetti,* Torino 1988[22] (Fig. 20 b); del 1992 il volume di analisi più 'puntuale' sul rapporto sacro-arte-artigianato, a cura di Gherardo Priuli, *All'origine della fenomenologia artistica nell' artigianato di tradizione. DECORAZIONE A*

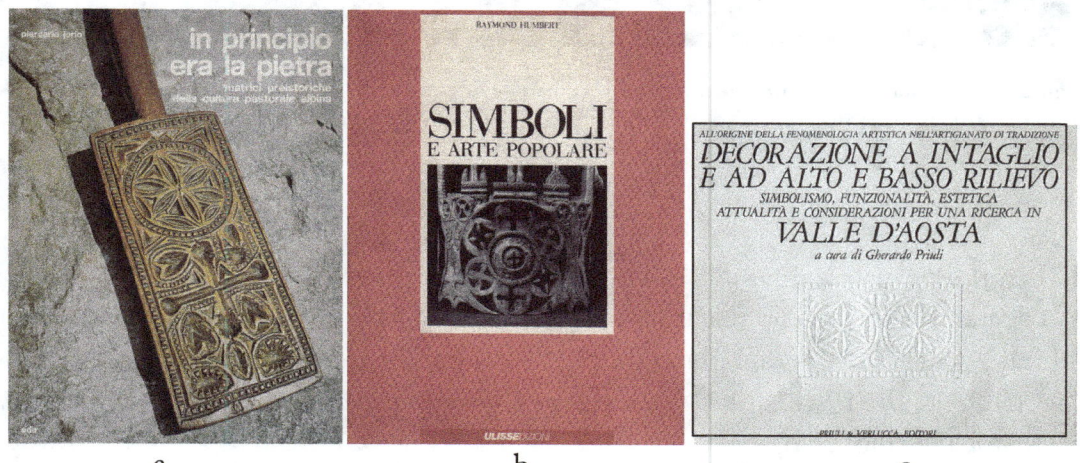

Fig. 20. I volumi di Pier Carlo Iorio (a), di Raymond Humbert (b) e di Gherardo Priuli (c).

---

[19] *Ibidem*, pp. 172, 180.
[20] In oggetto, principalmente, J. VIDAL, *Sacré, symbole, créativité*, Louvain-la-Neuve 1990, trad. it., *Sacro, simbolo, creatività*, Milano 1992; D. VIALOU, *La Preistoria*, Milano 1992; J. RIES,(a cura di), *Le origini. Le religioni*, Milano1993, il quale, p. 144, in merito ai *disegni astratti, di simbologia complessa*, invitava ad *uscire dalla concezione dell'immagine 'copia'*, per guardare al «*pensiero immaginale*» dell'Homo symbolicus *storico e transtorico, onde riconoscervi, non la riproduzione di una qualche "cosa", ma una straordinaria performance della creatività dell'«*Homo faber, ludens, sapiens, religiosus, in sintesi* Homo symbolicus».
[21] P.C. JORIO, *IN PRINCIPIO ERA LA PIETRA. Matrici preistoriche della cultura pastorale alpina*, Presentazione di C. CARDUCCI, Torino s.d. (1975?).
[22] R. HUMBERT, *Le symbolisme dans l'art populaire*, Paris 1988; ed. it. *SIMBOLI e arte popolare, Immagini e oggetti*, Torino 1988.

INTAGLIO E AD ALTO E BASSO RILIEVO. Simbolismo, funzionalità, estetica. Attualità e considerazioni per una ricerca in Valle D'Aosta[23] (Fig. 20 c), in cui la ricerca sull'artigianato aostano "di tradizione" del XVIII-XIX secolo è aperta, per confronto, a tutta l'area italiana e a tutti gli oggetti della cultura agro-pastorale, quali in Sardegna, ad esempio, la mola granaria di Siurgus (SS) e i collari per il bestiame (Fig. 21 a-b).

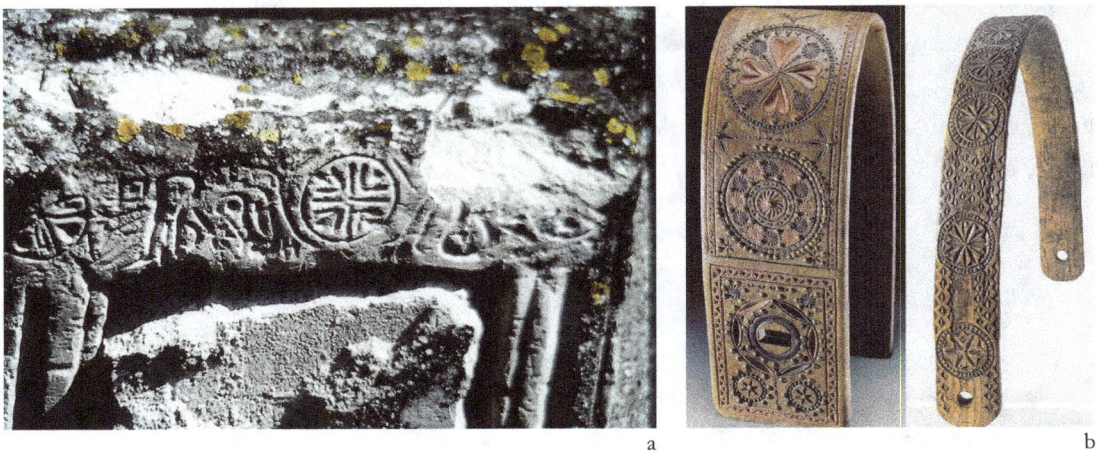

a   b

Fig. 21. L'identità della cultura agro-pastorale italiana evidenziata dal confronto tra (a) un'antica mola granaria di Siurgus (foto Autore) e (b) i collari per il bestiame della valle d'Aosta (da IORIO 1992).

E, sempre del 1992, il volume a cura di Pier Carlo Iorio, *LA MONTAGNA DEI SEGNI*, con la sua ampia introduzione dal titolo *I mondi simbolici dell'arte alpina*, aperta alla linguistica strutturale[24] (Fig. 22 a); e ancora del 1992, il volume di Jacques Chatelain, *MARCARE IL PANE. DECORARE IL BURRO. Gesti e stampi nella vita quotidiana, grafismi e simbolismi nelle Alpi Occidentali*[25] (Fig. 22 b).

Da cui risulta che gli stampi per "marcare il pane", anche di uso familiare-domestico, hanno conservato il 'significato' della "*fractio panis*" o "*Cena del Signore*", rappresentata a Roma nel III secolo nel banchetto eucaristico figurato nella Cappella Greca delle Catacombe di Priscilla (Fig. 23).

---

[23] G. PRIULI, (a cura di) *All'origine della fenomenologia artistica nell'artigianato di tradizione. DECORAZIONE A INTAGLIO E AD ALTO E BASSO RILIEVO. Simbolismo, funzionalità, estetica. Attualità e considerazioni per una ricerca in Valle D'Aosta* (Chiesa di San Lorenzo, Aosta, 7 luglio - 6 settembre 1992), Ivrea 1992.

[24] P.C. IORIO (a cura di), *LA MONTAGNA DEI SEGNI*, Ivrea 1992; P. C. IORIO, *I mondi simbolici dell'arte alpina*, pp.7-22.

[25] J. CHATELAIN, *MARCARE IL PANE. DECORARE IL BURRO. Gesti e stampi nella vita quotidiana, grafismi e simbolismi nelle Alpi Occidentali*, Torino 1992.

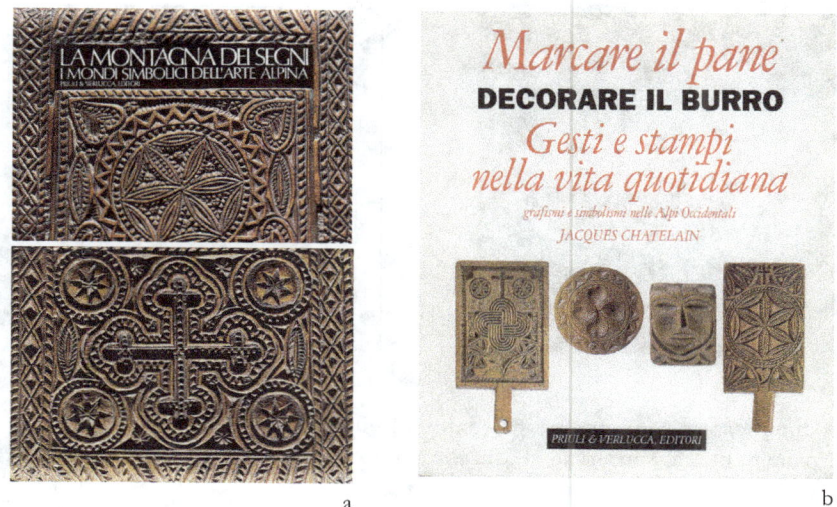

Fig. 22. I volumi di Pier Carlo Iorio (a) e di Jacques Chatelain (b) del 1992.

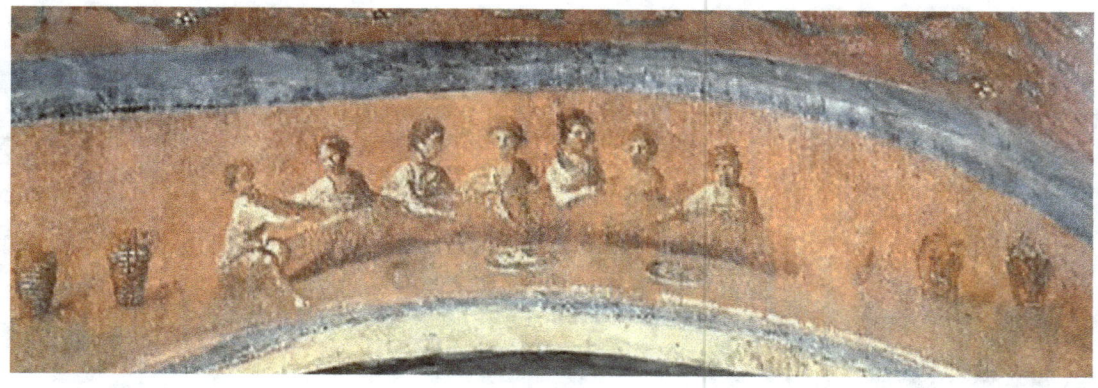

Fig. 23. Roma, Catacombe di Priscilla. Cappella greca. Affresco con scena di banchetto (metà III secolo (archivio PCAS).

Un uso che ho avuto modo di constatare preservato ancora attualmente, nel suo significato originario, nella liturgia della chiesa copta (Fig. 24 a) e documentato nei *tampons en pierre* dell'età bizantina del Musèe Sainte Anne di Gerusalemme[26] (Fig. 24 b); l'uso che nel 1986 Ferruccio Barreca aveva documentato in Sardegna nel "tampone in terracotta" della cultura fenicio-punica[27] (Fig. 25 a), e nel 2009 Salvatore Sebis e Lucio Derriu hanno anticipato alle "*pintaderas*" della grandiosa civiltà nuragica della Sardegna (Fig. 25 b), scrivendo:

---

[26] Per quanto attiene alla liturgia romana, vedi, M. AUGÉ, *Liturgia, Storia, Celebrazione, Teologia, Spiritualità, San Paolo*, Cinisello Balsamo (Milano) 1992; perquanto attiene ai *tampons à estampiller les pains*, uno con *le nomde Jesus-Christ abrégé*, vedi, F MÉBARKI, *Les liturgies de l'âme byzantine*, in *Archéologia*, n. 520, avril 2014, pp. 67-73.
[27] F. BARRECA *La civiltà fenicio-punica in Sardegna*, Collana *Sardegna archeologica: studi e strumenti*, n. 3, Sassari 1986, cap. IV, fig. 88.

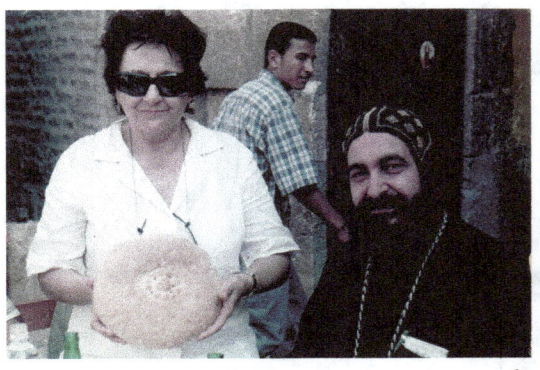
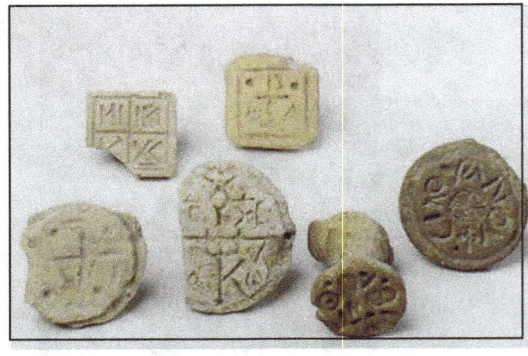

Fig. 24. a) L'uso di marcare il pane tutt'ora presente in Egitto, al Convento Rosso di Sohag (foto Autore); b) gli stampi per pane in pietra, conservati al Musèe Sainte Anne di Gerusalemme (foto A. Hay).

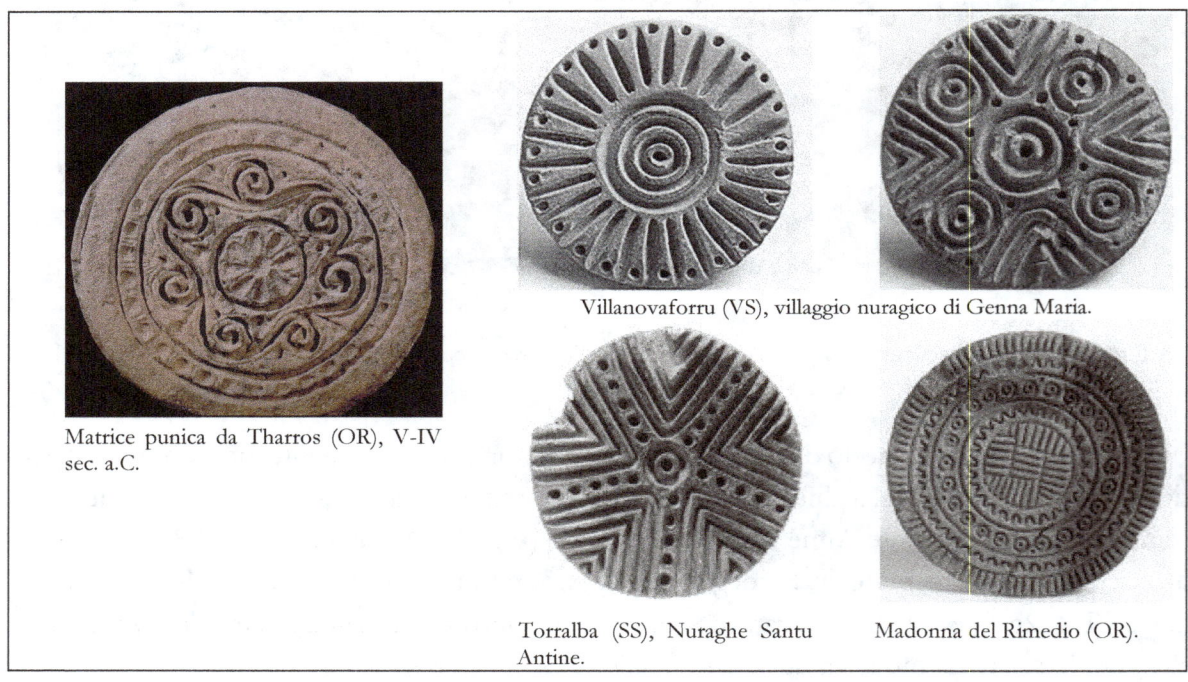

Matrice punica da Tharros (OR), V-IV sec. a.C.

Villanovaforru (VS), villaggio nuragico di Genna Maria.

Torralba (SS), Nuraghe Santu Antine.

Madonna del Rimedio (OR).

Fig. 25. *Las pintaderas* dell'età nuragica.

(…) un instrument de terre cuite qui est susceptible d'être utilisé comme un timbre pour les pains cérémoniels. Cet instrument, de la forme de disque presque exclusivement, avec une prise cylindrique sur le dos, se présente marqué sur la face plate par des éléments décoratifs composés de segments radiaux, angles inscrits, des cercles concentriques, des lignes droites, des points imprimés, de cercles simples, etc., diversement regroupés dans une même exemplaire. Les 43 pintaderas nuragiques actuellement connues, dont 23 provenantes du territoire d'Oristano, ont été divisés en trois classes selon la forme (en forme de disque, elliptique et rectangulaire) et en types par rapport à la décoration de la vue de face. Les premières pintaderas étaient probablement produites dans les phases terminales du Bronze final (XIIe-Xe siècle av. J.-C.), mais selon l'état actuel des recherches elles sont certifiées pour la plupart dans de contextes de la phase initiale du Premier Âge du Fer (IXe- première moitié VIIIe siècle av. J.-C.), entre lesquelles est particulièrement significatif le contexte documenté dans le site du nuraghe Nuracraba du Rimedio, près d'Oristano, où ont été trouvés sept exemplaires de cet instrument[28].

In sintesi, "tamponi" in terracotta per "pani sacri", che hanno attraversato la Sardegna dall'età nuragica all'età fenicio-punica e sardo-punica, fino all'età romana: quali, dal complesso degli studi in oggetto richiamati più sopra, oggi è dato riconoscere essere approdati ai decori astratti di tipo geometrico degli "stampi lignei" che, non solo in Sardegna, ma nella totalità delle società agro-pastorali europee ed extraeuropee, hanno agito, omologamente, ad estendere l'aura di 'sacralità' alla vita familiare, fino ai pani del burro, della marmellata, etc. (Fig. 26).

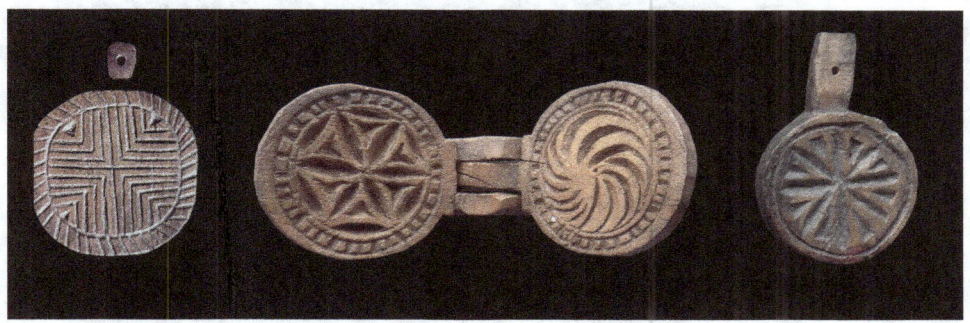

Fig. 26. Marche lignee dell'artigianato valdostano (collezione privata).

Anche se, per quanto riguarda il burro, è interessante considerare la recente scoperta in Irlanda, *conservé à 5 m. de profondeur, sans emballage, dans une tourbière, d'un motte de beurre*, seguita dalla scoperta, in Irlanda e Scozia, sempre nelle stesse condizioni di conservazione nelle torbiere "preistoriche", *d'environ 400 mottes de beurre qui aurait pu servir d'offrande religieuse*[29].

---

[28] S. SEBIS, L. DERRIU, *Le pintaderas della Sardegna nuragica della Prima Età del Ferro*, in Atti della XLIV riunione scientifica, *La Preistoria e la Protostoria della Sardegna*, Istituto Italiano di Preistoria e Protostoria, Università degli Studi di Cagliari, Centro Interdipartimentale per la Preistoria e Protostoria del Mediterraneo (C.I.P.P.M.), (Cagliari-Barumini-Sassari, 23-28 novembre 2009), Vol. III. *Comunicazioni*, Firenze 2012, pp. 835-842.

[29] Per quanto riguarda il burro, è interessante richiamare in *Archéologia*, n. 545, Juillet-Août 2019, da M. GAGOL, C. RONCO, *Irlande pour du beurre*, p. 15, la notizia che *un morceau de beurre de près de 10 kilos et vieux de près de 2000 ans a été découvert en juin en Irlande. Conservé à 5 m de profondeur, sans emballage, dans une tourbière (…) aurait pu servir d'offrande religieuse. Environ 400 mottes de beurre ont ainsi ététrouvées en Irlande et en Écosse.*

A chiudere questa parte di indagine, richiamo del 1997 il volume di Hervé Filippetti, *SIMBOLES ET DECORS DES MAISONS VILLAGEOISES. Marques sociales. Protections magiques* (Fig. 27), in cui l'analisi alla protezione delle case con *objet, signes et decors magiques, signes, figures et decors protecteurs*, è estesa, in alcuni contesti, fino al XIX secolo[30].

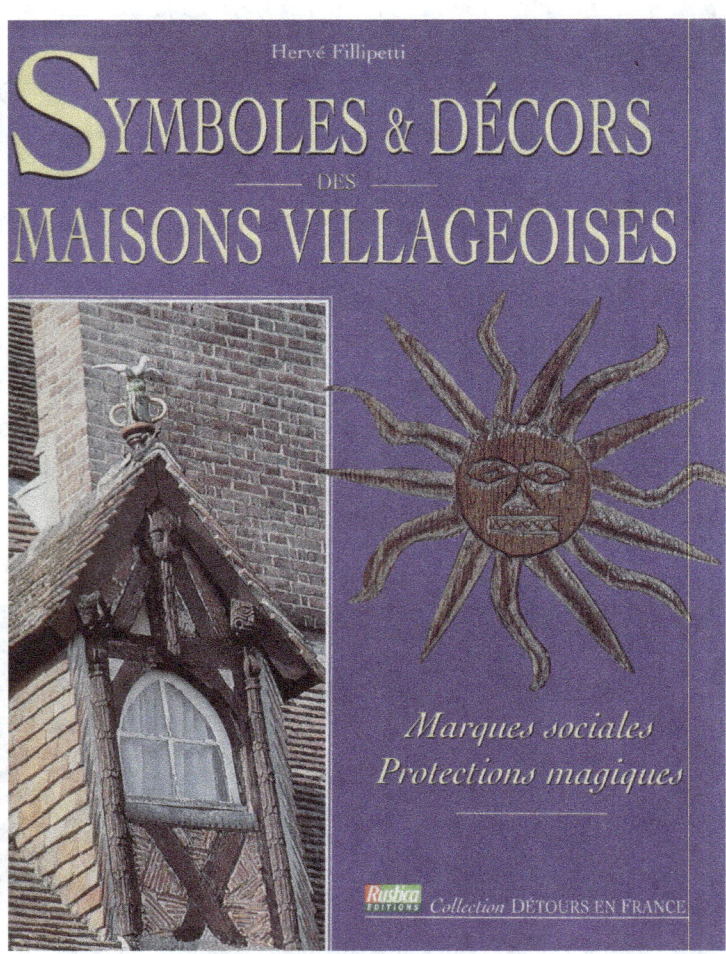

Fig. 27. Il volume di Hervé Filippetti.

---

[30] E. Filippetti, *SIMBOLES ET DECORS DES MAISONS VILLAGEOISES. Marques sociales. Protections magiques*, Paris 1997.

III. In merito alla distinzione degli *oggetti segni e decori* a funzione 'magica' positiva o negativa, dai *segni figure e decori* a funzione 'apotropaica' - dal greco ἀποτρόπαιος «che allontana» gli influssi negativi -, interessa la 'lectio' che nel 2003, nel volume *387 d. C./ambrogio e agostino/le sorgenti dell'europa* (Fig. 28), ha proposto Attilio Mastrocinque nel saggio *Che cosa era la magia*, tracciandone il percorso storico e semantico, che reca[31]:

(…) *la magia non è un fenomeno definibile scientificamente, perché quella di magia è una nozione usata dalla cultura europea solo a partire dal V sec. A. C., e ogni corrente religiosa o filosofica ne possedeva una propria concezione che variava di epoca in epoca* (…) *L'opera della cristianizzazione fu radicale nell'eliminare le divinità del politeismo pagano, le quali facevano parte della natura, e nel relegare nella sfera del magico e del démonico qualunque eventuale essere sovrumano fosse sopravvissuto alla sconsacrazione di templi e luoghi sacri del passato politeista*[32].

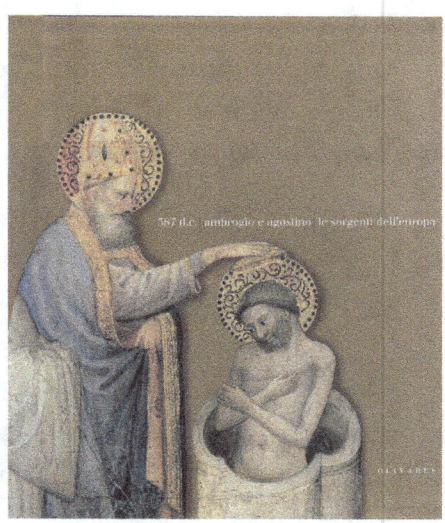

Fig. 28. Il catalogo della mostra *387d.C./ambrogio e agostino/le sorgenti dell'europa*

E del 2011 è l'intervento di Ettore Aulisio, *Lo Studio della Cultura Materiale*[33], che richiama dalle scienze umane *la nozione relativamente recente di Cultura Materiale*; il cui studio, puntualizza:

---

[31] A. MASTROCINQUE, *Che cosa era la magia*, in *387 d. C./ ambrogio e agostino/ le sorgenti dell'europa*, Catalogo della Mostra (Milano, 8 dic. 2003-2 maggio 2004), da un'idea di Ermanno Arslan, curatela scientifica di Paolo Pasini, direzione della Mostra di Paolo Biscottini, pp. 162-165.

[32] Una lezione circa la 'cristianizzazione 'delle antiche cerimonie e degli antichi templi pagani, che conosciamo maturata già 'strategicamente' da Gregorio Magno, nei confronti dei *"barbaricini adoratori del legno e della pietra,"* così come degli Angli e dei Franchi, etc., quando, dette cerimonie e strutture cultuali pagane sono state *"mutate in onore del vero Dio cristiano"*. In oggetto, S. CASARTELLI NOVELLI, *L'immagine né 'idolo né icona' nella concezione del primo 'papa monaco' della Chiesa di Roma* in L. ERMINI PANI (a cura di), *L'Orbis Christianus Antiquus di Gregorio Magno*, Atti del Convegno di studi (Roma, 26-28 ottobre 2004), Roma 2007, pp. 171-221.

[33] E. AULISIO, *Lo Studio della Cultura Materiale*, in *Terra Antica, Discussioni* 4 (23.12.2011), p. 16 (http://www.terraantica.org/2011/12/23/la-cultura-materiale/).

(…) *riguarda gli aspetti visibili e tangibili di una determinata cultura, in particolare gli oggetti di uso quotidiano, gli utensili delle attività produttive, in sintesi i materiali e gli strumenti concreti della vita sociale.*

Distinguendo:

(…) *quello della Cultura Materiale è uno studio che privilegia le masse e non tanto le individualità e le élites, e prende in considerazione, più che l'evento, il ripetersi dei fatti nel corso dei periodi storici.*

E annota:

Negli anni '60 e '70 del secolo scorso anche in Italia, seppure con un certo ritardo, si è diffuso l'interesse per la Cultura Materiale, come dimostra il moltiplicarsi delle iniziative che, a partire da quel periodo, si sono proposte la conservazione di oggetti e di attrezzi propri delle civiltà rurali, e non solo.

Mentre, in passato, rileva:

(…) *si è privilegiato l'aspetto estetico del materiale raccolto e non la sua valenza di documentazione storica: è questo il caso del "Museo nazionale delle arti e tradizioni popolari" che dal 1906 ha sede a Roma. Inizialmente furono raccolti molti materiali ritenuti 'tipici' di un particolare territorio nazionale, oppure quelli più decorati; solo a partire degli anni '60 del Novecento l'attività del Museo ha assunto un carattere maggiormente scientifico ed è divenuto anche un Centro di studio e ricerca.*

Ciò detto e considerato, nelle *trame simboliche* che, dalla società pre-familiare dei primi agricoltori della "Mezzaluna fertile" ai villaggi rurali europei e extraeuropei hanno investito, omologamente, i "riti di passaggio" del matrimonio e della nascita – vedi, per l'Italia, il decoro delle cassapanche per i corredi nuziali e le culle della Sardegna, della Valle d'Aosta, della Sicilia, etc. (Fig. 29 a-c) –, così come i costumi e gioielli da cerimonia, i tappeti, i ricami e i decori che segnano gli ingressi alla casa, i suoi arredi e gli utensili delle attività produttive, etc., è dato 'vedere' nella "cultura materiale" relativa, non il semplice 'arcaismo' della *forma dell'espressione*, ma la possente 'trama' dell'*immaginario archetipico e planetario del sacro*.

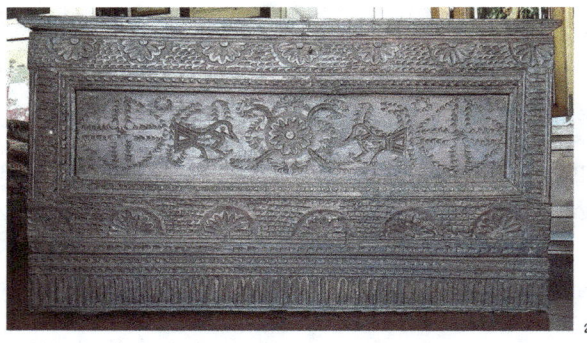

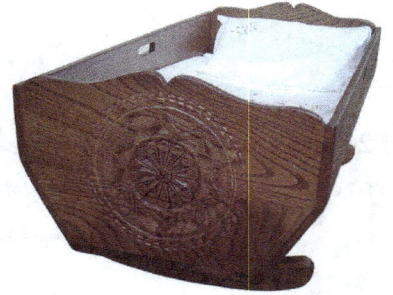

Fig. 29. Il decoro a matrice simbolica nelle cassapanche per i corredi nuziali di produzione sarda (a) e valdostana (c) e in una culla (b), anche questa di produzione sarda (collezioni private).

IV. La cui *facies* 'aurorale'³⁴, dalle ricerche più recenti e dalle tecniche di datazione più sofisticate³⁵, conosciamo in Europa, Africa e Asia, nel Paleolitico superiore circa 65.000 anni fa; quando ai due milioni e mezzo di una "cultura materiale" planetaria fatta dei soli mirabili 'utensili' di pietra, succedette la creazione del linguaggio 'visuale' dell' *Homo symbolicus*», nelle incisioni 'rupestri' di segni circolari, quadrangolari, lineari, etc. (Fig. 30 a-b.)³⁶; e da 40.000 anni fa il *binarismo* di segni e immagini animali e umane (Fig. 30 c-d) (in particolare della mano) eminente delle meravigliose chilometriche grotte o *Cattedrali della Rigenerazione* franco-cantabriche³⁷.

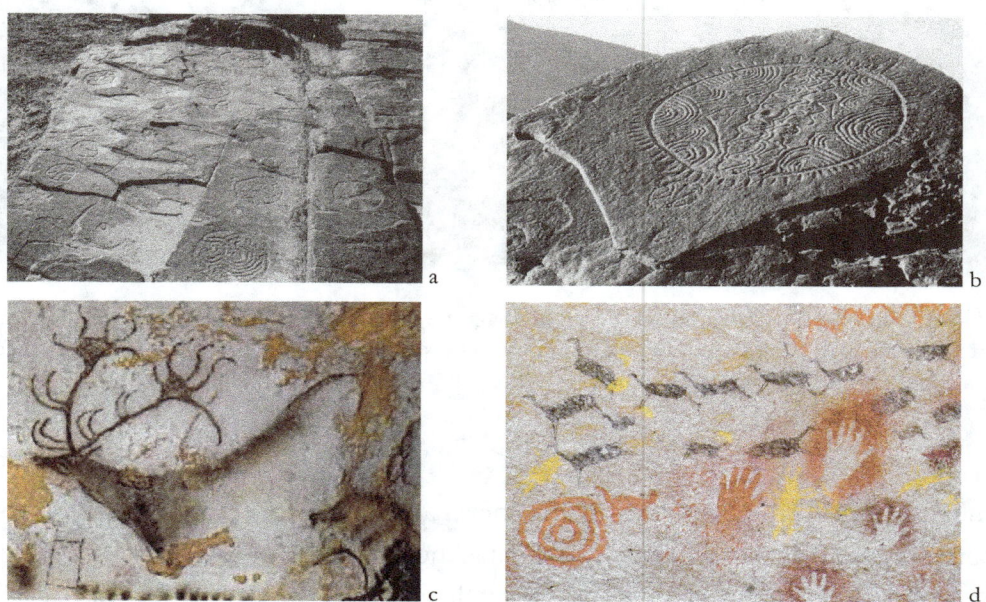

Fig. 30. Il linguaggio 'visuale' dell'«*Homo symbolicus*», nelle incisioni a cielo aperto del Marocco, a Talat-n-lisk (a) e Yagour (b; nelle pitture rupestri delle Grotte di Lescaux, in Francia (c) e nella *Cueva de las manos*, in Patagonia (d).

---

³⁴ In oggetto, oltre agli autori e alle opere richiamati alla nota n. 20, principalmente: D. VIALOU, *La Preistoria*, Milano 1992. Per il 'binarismo' segni-immagini, quale ha fatto la sua mirabile apparizione nelle grotte naturali o "Cattedrali della Rigenerazione" franco-cantabriche, A. LEROI-GOURHAN, *Préhistoire de l'art occidental*, Paris 1965; ID., *Le geste et la parole*; I, *Tecnique et langage*, Paris 1964; *II. La mémoire et les rytmes*, Paris 1965; ed. it. *Il gesto e la parola. I. Tecnica e linguaggio*, Torino, 1977, pp. 221-254; *II. La memoria e i ritmi*, Torino, 1977, pp. 433-462. Dove, nel vol. I, pp. 224-227, partendo dall'analisi dei ritmogrammi–mitogrammi paleolitici, *il cui 'grafismo' inizia non nella rappresentazione ingenua della realtà bensì nell'astratto*, Leroi-Gourhan ha fissato una nuova 'lectio' del linguaggio dell'arte altomedievale e delle Avanguardie artistiche del Novecento. E per le "sorgenti" preistoriche del linguaggio dell'arte altomedievale, anteriori alla comparsa di qualsiasi documento scritto, vedi, J. ABELANET, *Signes sans paroles. Cent siècles d'art rupestre en Europe occidental*, Paris 1986 e, a seguire, il 'grandioso' volume di A. LEROI-GOURHAN, B. et G. DELLUC, *Préhistoire de l'art occidental*, Préface de Y. COPPENS, Paris 1995.

³⁵ Da ultimo, per *les trois grottes d'Espagne qui boulversent notre vision de Néandertal*, con la testimonianza di segni parietali che compongono tracciati geometrici *plus anciennes que 64800 ans*, vedi *Néandertal, l'homme qui oublia de peidre dans les grottes?*, in *Archéologia*, n. 570 (nov. 2018), pp.4-5, con la presentazione delle analisi di D. L. HOFFMANN ET AL., *U-Th dating of carbonate crust reveals Neandertal origin of iberian cave art*, in *Science*, n. 359 (2018), pp. 912-915 e L. SLIMAK, J. FIETZKE, J. M. GENESTE, R. ONTAÑÓN, *Comment U-Th dating of carbonate crusts reveals Neandertal origin of iberian art*, in *Sciences*, 361 (2018).

³⁶ E. ANATI, *Origini dell'arte e della concettualità*, Milano 1989, pp. 53-74.

³⁷ Per l'ultima revisione storico-critica delle diverse tappe dell'arte della preistoria, R. C. DE MARINIS, *L'arte paleolitica, Dispensa del corso di Preistoria*, a.a. 2006/2007, pp. 1-143 (http://www.artemediterranea.eu/files/artePaleolitica.pdf).

Immaginario del sacro che, allorché nella *transition nèolitique en Mediterranée* i *chasseurs devinrent agriculteurs*[38], ha visto fiorire, con i miti agrari, il culto ecumenico della Dea Madre nelle sagome femminili a decoro geometrico del Sahara e del Messico, recuperate e 'attenzionate' di recente[39] (Fig. 31 a-b).

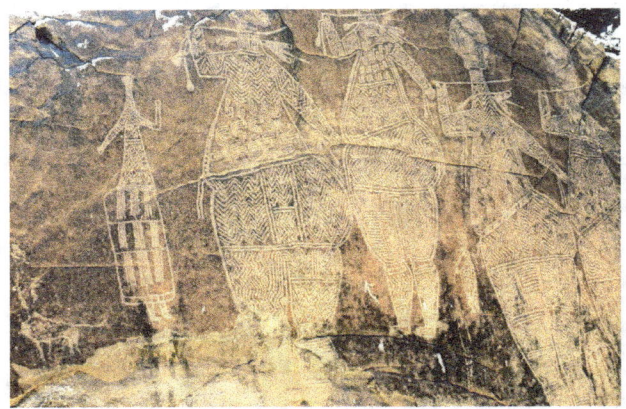 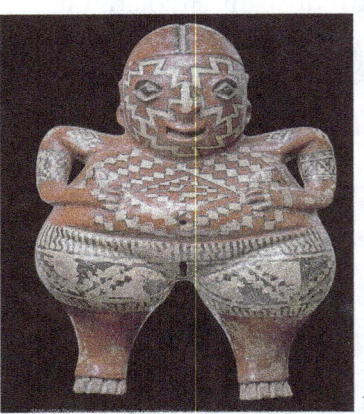

Fig. 31. a) Ciad, regione dell'Ennedi. Le grandi sagome femminili a decoro geometrico (akg-images/De Agostini/C. Sappa); b) Messico, statuetta femminile a decoro geometrico, 600 a.C. – 200 d.C. (Paris, Musée du quai Branly, ph. H. Dubois).

E nelle grandi forme della Dea madre incisa ad altorilievo nella Grotte de Laussel (h. cm 47), con in mano un corno inciso di tredici tacche di strumenti diversi, 'rialzata' in ocra rossa e accompagnata in origine da un piccolo animale (?), attribuita all'arte dei "Cacciatori arcaici"[40] (Fig. 32 a); fino alle statuette delle cosiddette Veneri steatopigiche, principe la singolare Venere in avorio di mammut (h. cm 14), rinvenuta nella Grotte des Rideau presso Lespugue (Haute Garonne) e risalente a circa 25.000 anni fa, la faccia A, a figura intera, rotta nello scavo, la faccia B, a doppio tronco dai lunghi capelli (Fig. 32 b); fino alle statuette della Dea Madre che, dall'età del Bronzo Antico (2200-1800 a. C.) al V-IV secolo a. C., si affermarono nell'area ellenica nel tipo 'cicladico' ad alta concettualizzazione e astrazione formale (Fig. 32 c-d)[41].

---

[38] Per le "sorgenti" neolitiche dell'ultima "età della pietra" dell'uomo "cacciatore-raccoglitore", affacciatosi in area mediterranea 11.000-10-000 anni fa, vedi, in particolare, M. DE PAOR, *Early Irish Art*, Dublin 1979, reprinted 1983, pp. 7-12; e *La transition Néolitique en Mediterrané*, Actes du Colloque *Transitions en Mediterranée. Ou comment des chasseurs devinrent agriculteurs?*, direction de C. MANEN, T. PERRIN, J. GUILAINE (Muséum de Toulouse, 14-15 avril 2011), Arles 2014.

[39] Per il Sahara, vedi F. SOLEILHAVOUP, *Art rupestre dans l'Ennedi. Le corp fèminin dans l'art préhistorique*, Dijon 2018; per *la statuerre féminine creuse à decors géometriques, Amérique, Mexique, la œuvre à étre entrée dans les collections du musée du quai Branly, jusqu'à en devenir la piece symbolique*, vedi, *Archéofolio, Jacques Chirac ou le dialogue des cultures*, in *Archéologia*, n. 545, Juillet-Août 2016, pp. 64-67.

[40] E. ANATI, *Origini* cit. (nota 36), pp. 170-171.

[41] Oggetto della nuova analisi sull'arte della Preistoria del volume a cura di C. DEBRAY, R. LABRUSSE, M. STAVRINAKI, *Préhistoire. Une enigme moderne*, Paris 2019, relativa alla mostra aperta al Centre Pompidou (Galerie 1, 8 mai-16 septembre 2019), la cui presentazione reca: *L'exposition présentée au Centre Pompidou explore les multiples*

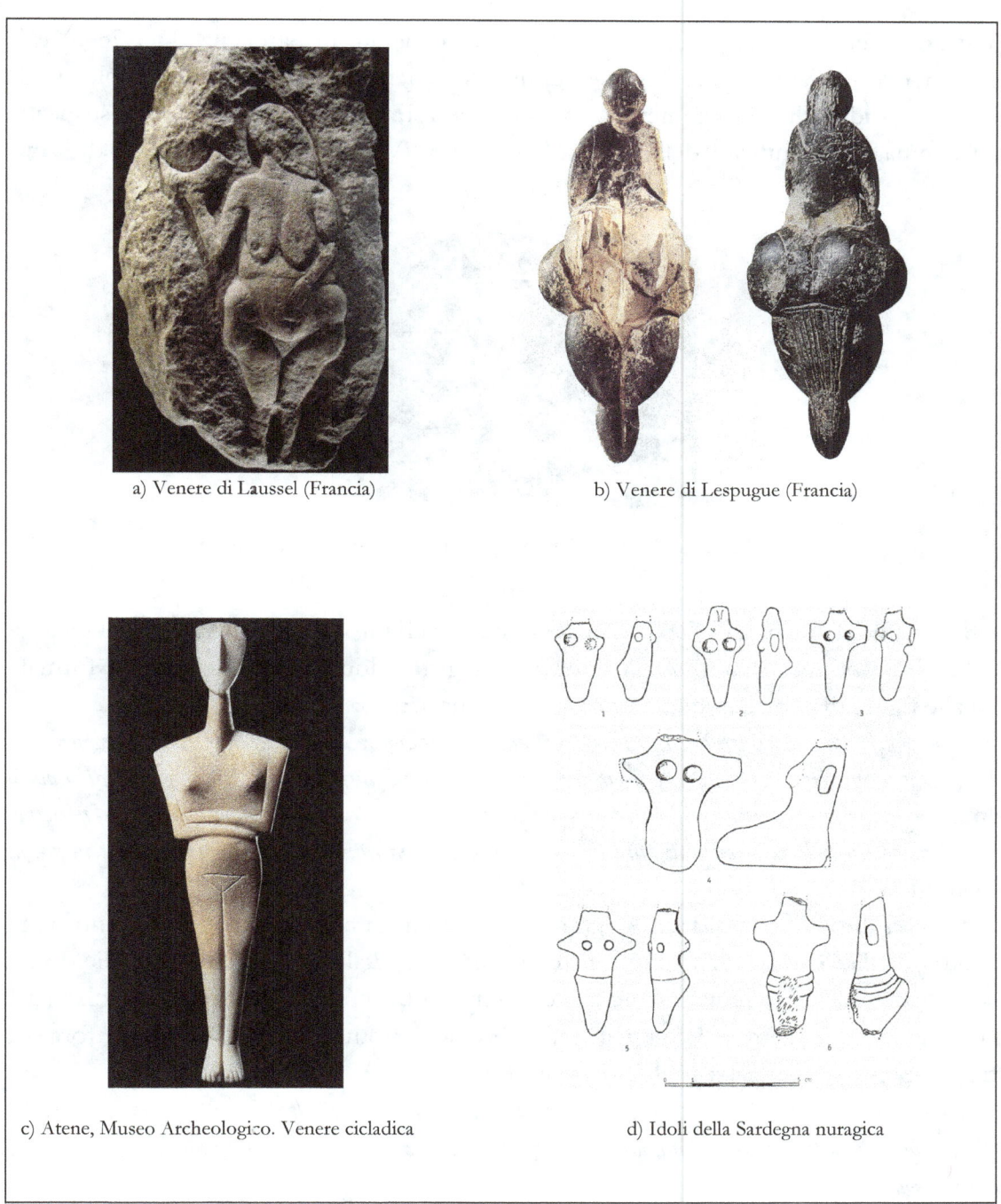

Fig. 32.

échange entre la communauté scientifique et les artistes en associant des oeuvres phares de la création moderne et contemporaine à des fossiles, outils, sculptures et gravures préhistoriques emblematiques.Le catalogue qui l'accompagne reprend ce parcours original en y apportant les regards de specialistes ainsi que des repères bibliographiques et cronologiques. E la presentazione della Mostra di S. PIODA, *La Préhistoire a révolutionné l'art*, in *Archéologia*, n. 577, Juin 2019, pp. 70-71, reca: *La Phéhistoire, en tant que science – le terme se fixe definitivement vers 1860 – et l'étude de l'art préhistotique ont contribué au bouleversement de nos représentations de l'homme. Des expositions ont dèjà porté les rapprochements formels entre Préhistoire et art modern, mais la question de l'idée de Préhistoire et des ses effets sur l'art moderne et contemporain n'avait pas encore fait l'objet d'une exposition syntetique (…). La Préhistoire devient alors source d'ispiration et de réflextion sur la place de l'homme et sa finitude.*

Il cui documento eminente delle 133 statuine recuperate in Sardegna (Fig. 26 d) è la statuetta in marmo, alta 44 cm., della "cultura di Ozieri", attribuita al IV secolo a. C., 'precipua' degli idoli di stile geometrico, o di forma 'astratta', della Sardegna preistorica: e assunta a immagine 'manifesto' della mostra *Idoli*, aperta a Venezia il 15 settembre 2018[42] (Fig. 33).

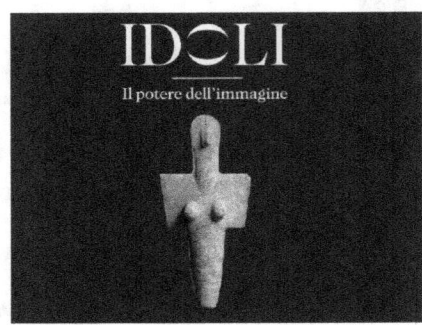

Fig. 33. L'idolo di Senorbì, immagine-simbolo della mostra *Idoli*.

La statuetta della "cultura di Ozieri", per cui Lilliu, nel rigoroso *corpus* costituito dal volume del 1999, *Arte e religione nella Sardegna prenuragica*, registrandone la assoluta alterità formale rispetto alle figure di codice mimetico-naturalistico, ha scritto:
L'idolo è ben significato nella sua natura trascendente dallo stile planare unito al geometrismo delle forme. Le fattezze, pertanto, risultano astratte e devitalizzate, la naturalità corporea fa luogo all'idea e al simbolo della alma mater *cui compete esclusivamente la rappresentazione "per cifra". Con ciò fu realizzato il massimo dell'astrazione, esprimendo in termini di pura geometria la natura metafisica della divinità rappresentata: la donna, Dea Madre*[43].

E a seguire, dopo la presa d'atto degli studi di Maria Gimbutas[44], e la documentazione della ciotola della "cultura di Ozieri", ritrovata nel sito dell'altare prenuragico di Monte d'Accodi, con le figure femminili delle partecipanti al rito (?) dalla struttura triangolare del busto che richiama le figure del compianto funebre del "geometrico greco" di un'anfora del Maestro del Dipylon (Fig. 34 a-b), Lilliu ha scritto:
(…) *come insegna A. Leroi-Gourhan, le figurazioni sarde, al pari di ogni altro prodotto artistico di civiltà preistorica, sono il riflesso di una situazione ideologica nella quale l'estetico, il religioso e il sociale sono intimamente legati*[45].

---

[42] A. CAUBET (a cura di), *Idoli. Il potere delle immagini*, Milano 2018, dove la Dea Madre di Ozieri è accostata alle opere contemporanee dell'omologo codice formale geometrico- astratto.

[43] G. LILLIU, *Arte e religione della Sardegna prenuragica. Idioletti, ceramiche, oggetti d'ornamento*, Sassari 1999, p. 38, fig. 31, e *Scheda* 46, pp.233-235.

[44] M. GIMBUTAS, *The Gods and Goddesses of Old Europe*, London 1974; ed. It. *Le dee e gli dei dell'antica Europa. Miti e immagini del culto*, a cura di M. G. PELAIA, Roma 2016; EAD., *The Language of the Goddess*, San Francisco 1982, ed. it. *Il linguaggio della Dea. Mito e culto della Dea madre nell'Europa neolitica*, Milano 1990; EAD., *La religione della dea nell'Europa mediterranea: sacro, simboli, società*, in J. RIES (a cura di), *Le civiltà del Mediterraneo e il sacro*, Trattato di Antropologia del sacro 3, Milano 1992, pp. 49-67; EAD., *The Living Goddesses. Religion in Pre-Patriarchal Europe*, Los Angeles 1999; ed. it. *Le dee viventi*, a cura di M. ROBBINS DEXTER, Milano 2005.

[45] *Ibidem*, p. 25; il rinvio è a A. LEROI-GOURHAN, *Iconographie et interpretation*, in *Valcamonica Symposium '72: Actes du Symposium International sur les religions de Prehistoire*, Capo di Ponte (BS) 1975, pp. 49-55 (www.ccsp.it/web/infoccsp/vcs storico/vcs72_3.pdf).

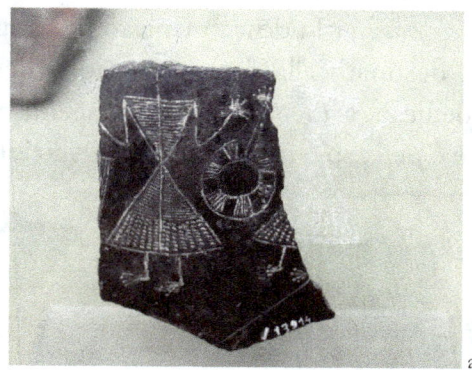 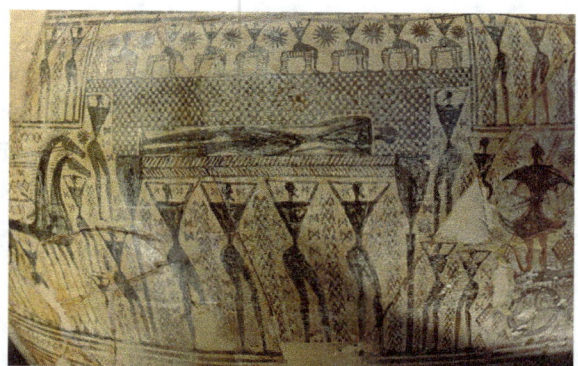

Fig. 34. a) Monte d'Accoddi (SS), Particolare della ciotola di "cultura Ozieri" dall' altare prenuragico; b) Museo del Louvre. Particolare dell'Anfora in stile geometrico del Maestro del Dipylon (inv. A517)

Lectio magistralis delle figurazioni sarde della Dea Madre, in cui la statuetta della "cultura di Ozieri" mostra di rispondere al canone che nel *Filebo* il filosofo Platone, nato e vissuto ad Atene a cavallo del V-IV secolo a. C., 'normerà' all'Occidente nello statuto *eidetico* (dalla radice greca εἰδ «vedere») della forma 'astratta', in quanto "*forma della essenza delle cose*" e "*forma bella in sé*", scrivendo:

(…) *la bellezza della forma non è ciò che il volgare intende generalmente con questo nome, come per esempio quella degli oggetti viventi o delle loro riproduzioni, ma qualcosa di rettilineo e di circolare, e le superfici e i corpi solidi composti con la retta e il cerchio per mezzo del compasso, della corda, e della squadra. Perché queste forme non sono, come le altre belle secondo certe condizioni, ma sono sempre belle in sé*[46].

Bellezza della forma che nel IV secolo d.C. il filosofo Aurelio Agostino d'Ippona (Algeria), di origine berbera o punica, dalla sua frequentazione milanese con Ambrogio assurto a vescovo, teologo, Padre dottore e santo della Chiesa cattolica, detto anche *Doctor Gratiae*, le cui spoglie riposano a Pavia nella chiesa di San Pietro in Ciel d'Oro, ha 'transcodificato' alla «Europa cristiana» nello statuto della *Bellezza che rivela, la Bellezza che salva* che nella «età carolingia» ha interessato la totalità del Sacro Romano Impero d'Occidente[47].

---

[46] Per la citazione da Platone, *Filebo* (22,51c-d), vedi. C. L. RAGGHIANTI, *L'Arte in Italia*, Roma 1968, II, col. 168.

[47] In oggetto, E. CAVALCANTI (a cura di), *Il De civitate Dei. L'opera, le interpretazioni, l'influsso*, Roma-Feiburg-Wien 1996. In merito all'influenza a Roma come ad Aquisgrana, del pensiero del *filosofo e il teologo Agostino, che unisce all'anima cristiana la grande anima greca*, vedi C. LEONARDI, *Alcuino e la scuola palatina: le ambizioni di una cultura unitaria*, in *Nascita dell'Europa ed Europa carolingia: un'equazione da verificare*, Atti della XXVII Settimana di Studio del Centro Italiano di Studi sull'Alto Medioevo (Spoleto, 19-25 aprile 1979), Spoleto 1981, I, pp. 459-498; G. D'ONOFRIO, *s.v. Alcuino di York (o di Tours)*, in *Enciclopedia dell'arte medievale*, I (1991), pp. 340-343, in cui D'Onofrio riconosce che è nell'opera e nelle opere di Agostino che *è possibile rintracciare le linee generali di un'efficace teoria estetica, che attraverso la diffusione degli scritti alcuiniani ha influenzato la produzione artistica del sec. 9° e, di qui, l'intera concezione estetica medievale*. Problematica ripresa in CASARTELLI NOVELLI, *Fuori Roma non senza Roma* cit. (nota 6).

E nel 1996, guardando all'indietro, l'*artigiano di utopie realizzate* Ludovico Corrao ha creato in Sicilia, a Gibellina, il *Museo delle trame Mediterranee*, destinato alla documentazione della 'eternità' del linguaggio dell'arte, che apre la sezione dedicata a *Le trame dell'antico* agenti nel percorso millenario e planetario del linguaggio dell'arte e della sua 'fruizione', nella citazione da Jorge Luis Borges:

> *Ho visto nel deserto la giovane Sfinge appena scolpita*
> *Non c'è nulla di antico sotto il sole.*
> *Tutto accade per la prima volta, ma in un mondo eterno.*
> *Chi legge le mie parole sta inventandole*[48].

Dalla cui raccolta nel *mondo eterno dell'arte*, cito un vaso a decoro geometrico del Bronzo Antico (2200-1800 a.C.) ritrovato nella Sicilia nord-occidentale e il decoro di una culla e di una cassapanca, tunisine del XX sec. (Fig. 35 a-c).

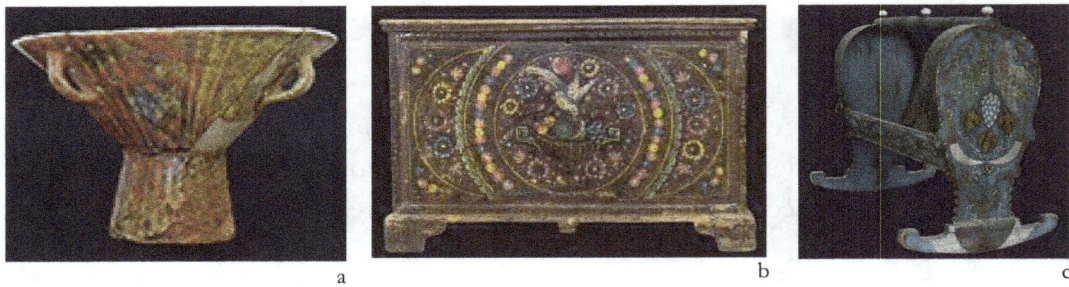

Fig. 35. Il linguaggio comune dell'arte mediterranea nel decoro geometrico di un vaso del Bronzo Antico della Sicilia nord-occidentale (a) e nel decoro di una cassapanca e di una culla tunisine del XX secolo (b-c).

Mentre in merito al *confondere il passato nel presente*, che Lilliu ha riconosciuto alla "civiltà dei Sardi" nel 'linguaggio' della *pietra e del legno nell'architettura e nell'artigianato sei-settecentesco* quale *un superstite dell'arcaismo*, richiamo dal volume a più mani del 2018, *Il tempo dei nuraghi. La Sardegna dal XVIII all'VIII secolo*, due conci in trachite del XIII-X secolo dal Nuraghe Nurdole (Orani), in cui le figure piane del cerchio, del quadrato, etc. e verticale dell'albero del mondo, 'riflettono' l'idea sacrale/sociale del *Centro* e dell'*Axis mundi*, planetaria e basica dell'immaginario dell'*Homo symbolicus* (Fig. 36).

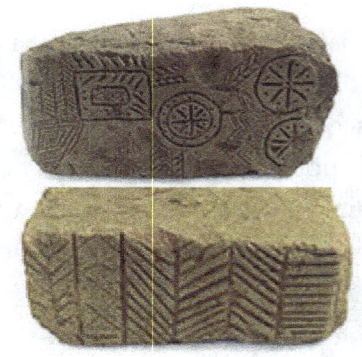

Fig. 36. Nuoro, Museo Archeologico Nazionale "G. Asproni". Conci in trachite decorati, provenienti dal nuraghe Nurdole (Orani - NU), XIII-X sec. a.C.

---

[48] O. SORGI, F. MILITELLO (a cura di), *Gibellina e il Museo delle trame Mediterranee, storia e catalogo ragionato*, Palermo 2015, p. 16.

Quale 'scintilla' – in termini lotmaniani – nelle *trame dell'antico immaginario del sacro* incontrate nelle mie ricerche nell'Africa Romana, in particolare in Algeria; dove al decoro delle sculture delle porte e dei pilastrini cristiani di Kenchela e di Tebessa, omologo al linguaggio scultoreo dei pilastrini sardi in oggetto, fanno omologamente seguito i decori delle casse, dei tappeti, delle porte, degli scrigni e dei "vassoi da the", etc., (Fig. 37 a-b), oggetto della pubblicazione del 1976 di Pierre Salama *Connaissance de L'Algerie. Recherches sur la sculpture geometrique traditionelle*[49].

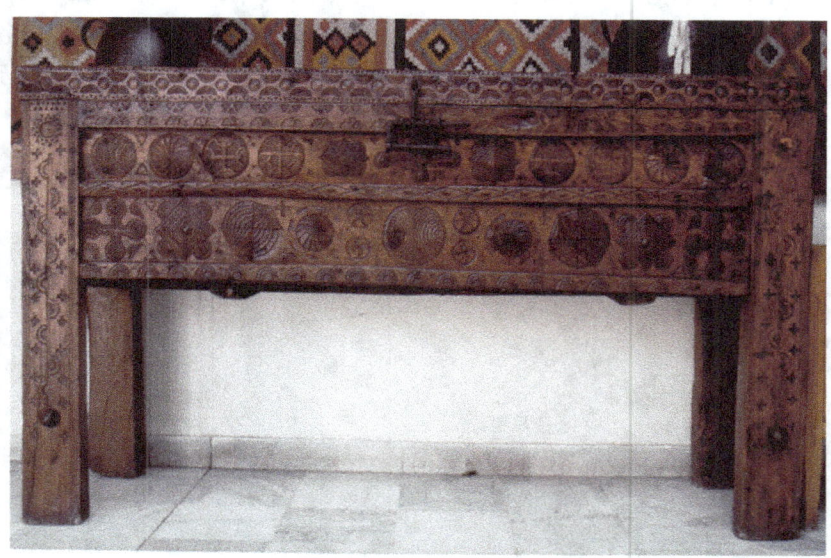

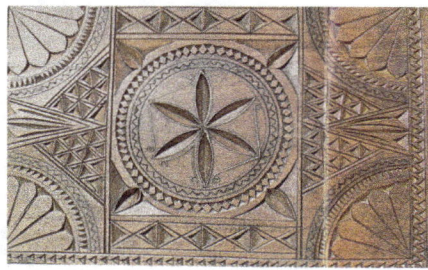

Fig. 37. Algeria, cassapanca e particolare di un vassoio da the, XX secolo (da SALAMA 1976).

Da cui leggiamo:

L'étrangeté des rapprochement artistiques n'a pas fini de surpendre. Entre des ornements de ceinture germaniques d'époque franque en Europe, et une poire à poudre en bois sculpté de l'Aures en Algerie, la similitude éclate. Coïncidence probable entre deux monde qui s'ignore!
Mais le cas de nos coffres appartient à un autre esprit. Dans ce spectacle magique où figurent côte a côte, au milieu d'une ornementation baroque surchargée, le soleil, les étoiles (…), et les arcatures religieuses de l'Islam, il faut voire une singulière élèvation des âmes, en solidarité constante avec le sacré. Alors, suprême vertu, le mobilier quotidien de ce monde rural tout empreint de traditions mystiques, nous révèle à l'infini la véritable et profonde nature de l'homme, baignée d'angoisses et nourrie d'esperances.

---

[49] P. SALAMA, *Connaissance de l'Algerie. Recherches sur la sculpture geometrique traditionelle*, in *el djezaïr. Revue du ministère algérien du tourisme*, n. 16. (1976), pp. 5-32, la cit. p. 24.

V. Pierre Salama è lo studioso che ho incontrato in ordine alle sue *recherches sur la sculture geometrique traditionelle* (vedi la copertina della sua pubblicazione con il particolare di un "vassoio da the" e la prima pagina con dedica) (Fig. 38 a-b); dalle quali emerge che le figure di codice 'astratto', archetipiche e planetarie della simbolica del sacro, si sono trasferite 'tradizionalmente' in Algeria alla *cultura materiale* di tipo artigianale che, *en solidarité constante avec le sacré*, è venuta lungo i secoli ad interessare, come nella Sicilia, nella Sardegna, nella Romania, nella Turchia, etc., così come nell'Europa nord-insulare – l'antica patria dei Celti e dei Germani 'rifiorita' nelle grandiose *domus* monastiche *ex Aegypto transductae*[50] –, gli oggetti culturalmente 'significanti' della vita familiare fino al XVIII-XIX secolo, e anche oltre nei territori non raggiunti dalla trasformazione dell'economia agro-pastorale in industria e terziario.

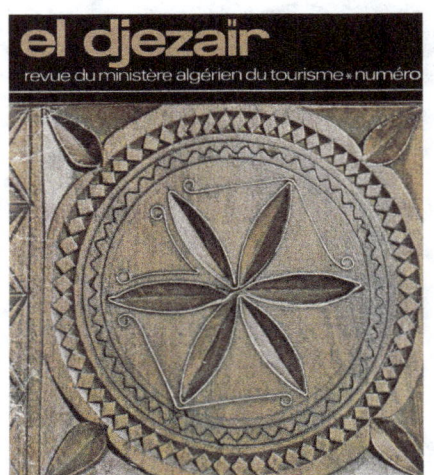 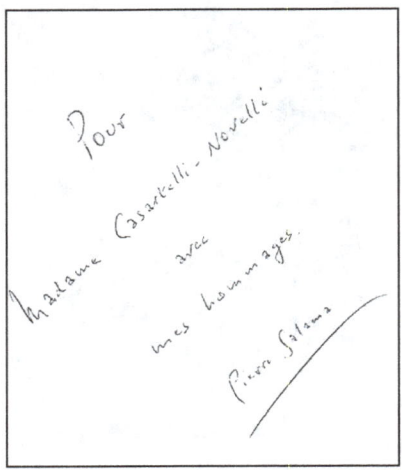

Fig. 38. La copertina del volume di Pierre Salama e la pagina con la dedica autografa.

E Pierre Salama è lo studioso che Letizia ha chiamato in Sardegna in occasione del Convegno di Sassari *L'Africa romana* del 1987[51]; avendo aperto il IV Convegno sull'Archeologia Tardoromana e Medievale, celebrato a Cuglieri il 27-28 giugno 1987 (Fig. 39), al mio intervento *Inediti monumenti scultorei della Sardegna centro-orientale: introduzione ai dati tipologico-linguistici*[52], in cui ponevo in luce la tesi elaborata in oggetto nel "cenacolo del the"

---

[50] Vedi, in oggetto, S. CASARTELLI NOVELLI, *La "Tebaide cristiana": dall'Alto Egitto all'ultima Tule*, in *Temporis Signa*, I (2006), pp. 375-388; EAD., «*Domus deliciis plena*» cit. (nota. 10).

[51] A. MASTINO (a cura di), *L'Africa romana*, Atti del V Convegno di studio (Sassari, 11-13 dicembre 1987), Pubblicazione del Dipartimento di Storia dell'Università di Sassari, 9, Sassari 1988.

[52] S. CASARTELLI NOVELLI, *Inediti monumenti scultorei della Sardegna centro-orientale: introduzione ai dati tipologico-linguistici*, in *Le sepolture in Sardegna dal IV al VII secolo*, Atti del IV Convegno sull'Archeologia Tardoromana e Medievale (Cuglieri, 27-28 giugno 1987), in *Mediterraneo tardoantico e medievale*, 8 (1990), pp. 257-329. In oggetto, a seguire, principalmente: EAD., *Il decoro geometrico delle inedite emergenze scultoree a "a pietra fitta" individuate nella Sardegna centro-orientale*, in *Corsi di cultura sull'arte ravennate e bizantina*, XXXVI (1989), pp. 101-112; EAD., *Invarianza del significante vs mutazione del significato negli iconemi di tipo astratto*, in *Annali della facoltà di Lettere e Filosofia dell'Università di Cagliari*, n.s. XII (XLIX), 1991, pp. 149-157; EAD., *Le nuove "pietre fitte" sarde a decoro geometrico e*

cagliaritano, e ridiscussa la sera, in serrato dialogo con Elena Cavalcanti, docente di Letteratura cristiana antica – il cui studio era nella sede centrale della Facoltà di Lettere e Filosofia dell'Università cagliaritana –, e che già in quegli anni lavorava scientificamente alla preparazione del grande Convegno Internazionale del 1996 sul pensiero e l'influsso del *De Civitate Dei* di Agostino[53].

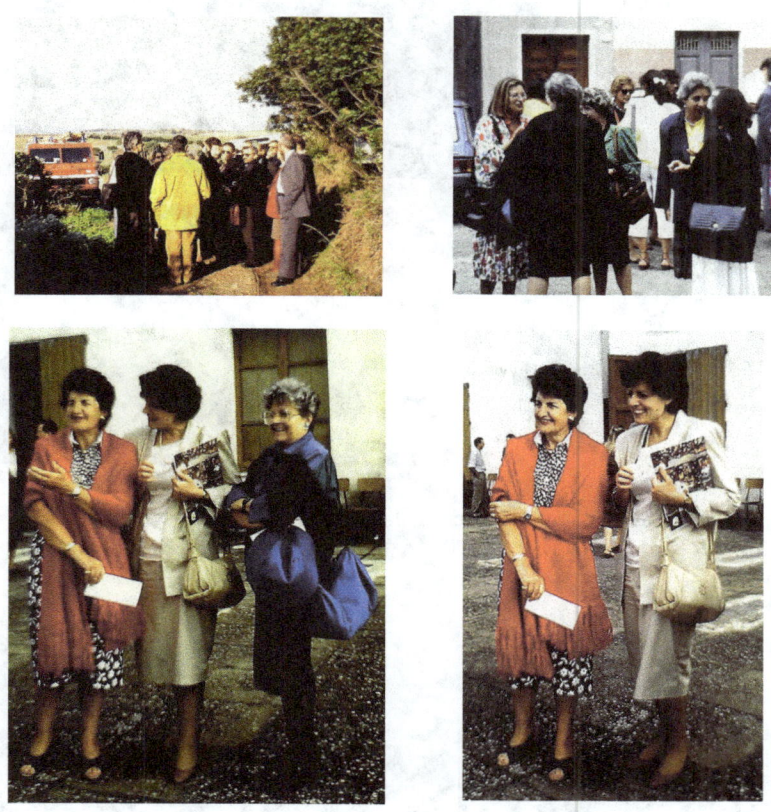

Fig. 39. Letizia Ermini Pani al Convegno di Cuglieri del 1987 con Lella Conti, Rosa Maria Carra Buonacasa, Colette Bozzo Dufour, Elena Cavalcanti, etc (foto Autore).

Un 'dialogare' a più voci, dal quale è emerso che gli inediti *pilastres*/pilastrini sardi, il cui documento principe consta nella raccolta di Casa Ruda, rappresentano *in loco* la "chiave di volta" di simbolica cristiana del linguaggio 'astratto' archetipico e planetario del sacro; come documentano, ad esempio, l'omologia del decoro dell'arco di Suelli con gli archi del Ksar el Kaoua o della città Santa Gerusalemme (Fig. 40), i decori geometrici incisi nel XII sulla facciata della Chiesa di S. Salvatore di Sestu (Fig. 41) e il rifiorire nella Sardegna 'controriformata'

---

astratto e il testo della croce monumentale quale Albero della Vita di Apocalisse, II 7, s. II, a. III, 2 (1989), pp. 1-50; EAD., *Il Mediterraneo "crocevia" e "crogiuolo" millenario di civiltà: la testimonianza della Sardegna*, in A. C. QUINTAVALLE (a cura di), *Medioevo mediterraneo: l'Occidente, Bisanzio e l'Islam*, I convegni di Parma 7 (Atti del Convegno Internazionale di Studi, Parma 21-25 settembre 2004), Milano 2007, pp. 262-272.

[53] Il cui atteggiamento 'scientifico', come ha scritto E. PRINZIVALLI, *Ricordo di Elena Cavalcanti*, Sanctorum, 4, 2007, pp. 291-295 (aisscaweb.it/wp-content/uploads/2014/06/Elena%20Cavalcanti.pdf), era costantemente *'dialogico' con le grandi figure del pensiero cristiano – oltre ad Agostino, già menzionato, Basilio, Gregorio di Nissa, Gregorio Magno, Ilario di Poitiers, fra gli altri –, e aveva un dialogo interiore che si rifletteva nella capacità di analisi dei suoi studi.*

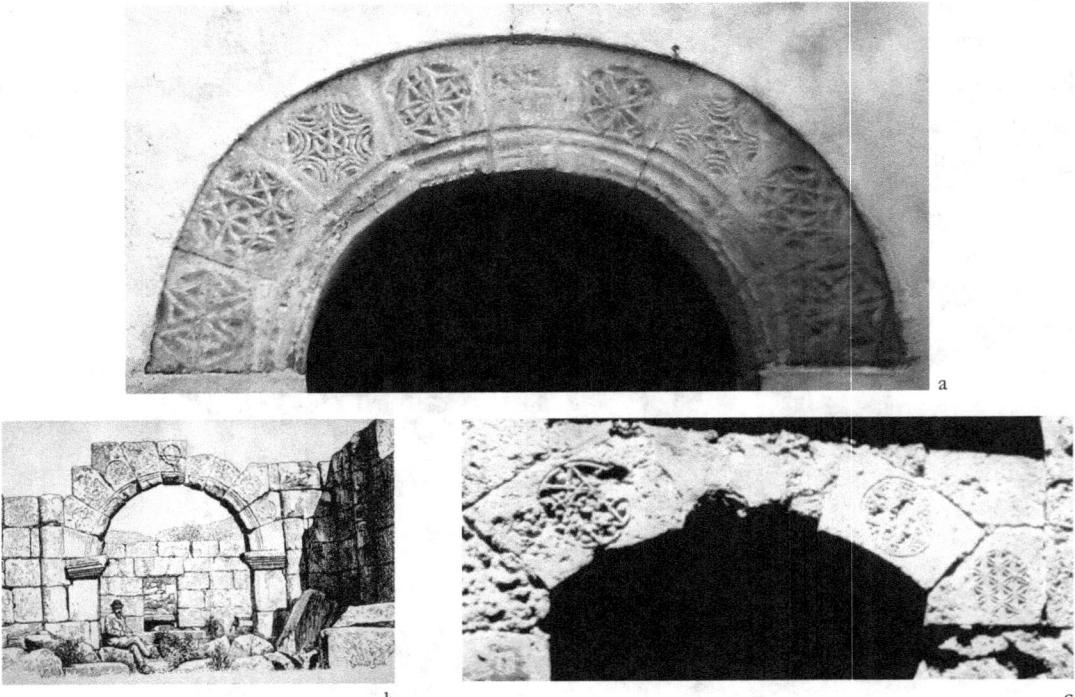

Fig. 40. L'omologia del decoro (a) nell'arco della chiesa di S. Antonio di Suelli (foto Autore) con (b) gli archi del Ksar el Kaoua /da GSELL 1901) e (c) della città Santa Gerusalemme (foto Autore).

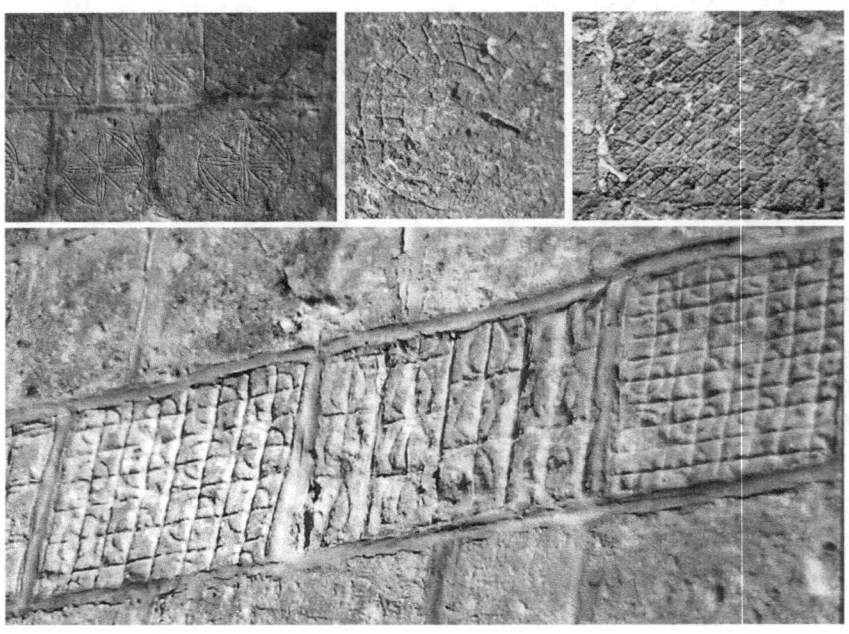

Fig. 41. I decori geometrici incisi nel XII sulla facciata della Chiesa di S. Salvatore a Sestu (foto Autore).

dei *pilastres*/pilastrini sardi con l'emblema di Ignazio di Loyola e della Compagnia di Gesù[54] (Fig. 42) e le "*trame del sacro*" che la cultura materiale di tipo artigianale ha fissato nei *decors geometriques traditionels* della Sardegna e delle società agro-pastorali europee ed extraeuropee.

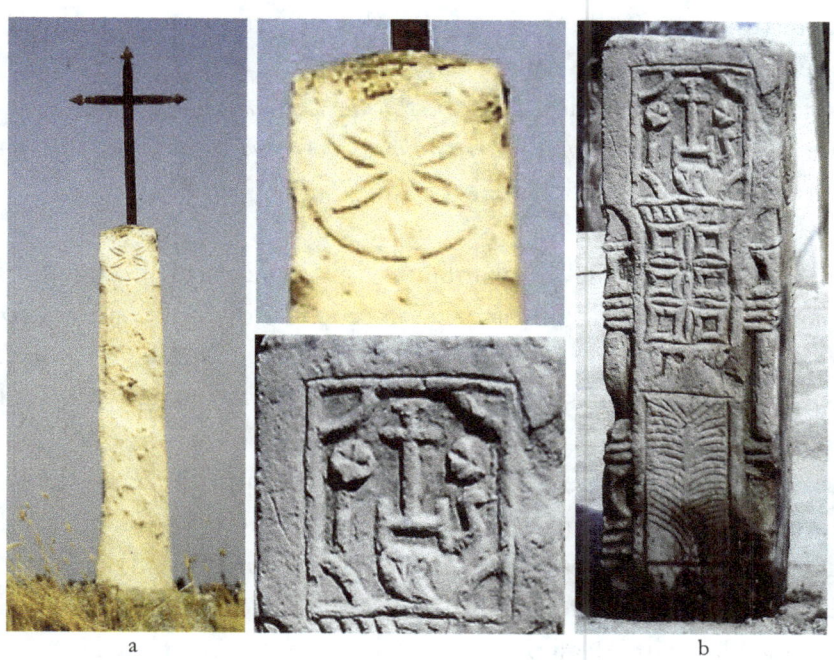

Fig. 42. *Pilastres*/pilastrini sardi con l'emblema di Ignazio di Loyola e della Compagnia di Gesù a Guamaggiore (a) e Mandas (b) (foto Autore).

Per cui, il 'linguaggio' scultoreo dei *pilastres*/pilastrini sardi in oggetto, è venuto ad inficiare alle radici la 'lectio' che Corrado Maltese, docente di Storia dell'Arte Medievale e Moderna all'Università di Cagliari dal 1959 al 1969, aveva proposto, nel 1961, in merito:
ai decori geometrici che hanno continuato ad interessare il linguaggio scultoreo delle chiese sarde fino al fare artistico quotidiano, difficilmente riducibile ad un filo conduttore unico (…). Ma in ogni caso un filone dominante c'è, ed è quello di una persistente e polemica affermazione di 'arcaismo', dove sembra potersi scorgere piuttosto l'espressione di una cultura accerchiata che non quello di una cultura segregata e piuttosto il prevalere, nelle forme particolari, di un accento di tipo bizantino-romanico che non quello di altre civiltà storico-artistiche trascorse[55].

Una 'lectio' che, a differenza dalla spiegazione di Lilliu, non ha saputo riconoscere nel

---

[54] Vedi, CASARTELLI NOVELLI, *Il Mediterraneo cit.* (nota 51), p. 270, figg. 29-32.
[55] C. MALTESE, *Persistenza di motivi arcaici tra il XVI e il XVIII secolo in Sardegna*, in *Studi Sardi*, XXII (1961), pp. 462-472, tavv. XII-XV. Uno studio cui seguirono molte pubblicazioni in tema, fondate nel concetto di 'arcaismo' di G. Lilliu, fra cui richiamo l'analisi di A. SAIU DEIDDA, *Una nuova lettura del Santuario dei Martiri nel Duomo cagliaritano sulla base di alcune considerazioni di Giovanni Spano*, in *Studi Sardi*, XXV (1981), pp. 95-107, tavv. I-VIII, dedicata alla mirabile decorazione "a pannelli geometrici" delle volte.

linguaggio di simbolica cristiana la *matrice* discendente dalle *civiltà storico artistiche trascorse*, comune all'arte dell'*orbis christianus antiquus* dal crollo dell'Impero Romano d'Occidente (a. 476) alla costituzione del Sacro Romano Impero d'Occidente nella persona di Carlo Magno (incoronato a Roma in S. Pietro tradizionalmente la notte di Natale dell'800), e quale ha agito 'tradizionalmente' fino alla "cultura materiale" di tipo artigianale in tutte le società agro-pastorali europee ed extraeuropee dei secoli XVIII-XIX.

Per affidarsi invece alla 'lectio' della *persistente e polemica affermazione di arcaismo* della Sardegna, quale specchio di una *cultura accerchiata, se non segregata*, innovata solo dall'interferenza di innesti culturali 'allotrii', in particolare bizantini.

Mentre nel "cenacolo del the" cagliaritano, i pilastrini sardi in oggetto sono assurti a "testimoni chiave" del linguaggio di forme geometriche e di codice simbolico della scultura 'liturgica' cristiana, quale, di contro ad ogni '*separatezza*' culturale, se non '*segregazione*', la Sardegna mostra di aver condiviso con il linguaggio *astratto/astrattivo* che, alla *nova lux* del pensiero greco, ha permeato senza distinzione di "razze" l'intero *orbis christianus antiquus*, fino alla sua 'aulica' eminenza nel linguaggio degli "*entrelacs*" del primo quarto del IX secolo: come rilevabile, esemplarmente, nei marmi residui delle fabbriche della Cattedrale di Torino e nei marmi residui della recinzione presbiteriale della basilica romana di S. Prassede (di cui sopra).

E come diagnosticato, nel 1968, dallo storico dell'arte Ludovico Ragghianti nella sua 'lectio' del linguaggio 'astratto' degli *entrelacs* carolingi, propriamente della "età carolingia", alla luce del famoso passo sulle figure geometriche "belle in sé" del *Filebo* di Platone (di cui sopra)[56] e, nel 1974, riconoscendo nella *prospettiva artificialis* del Rinascimento il *dissotterramento dalle profondità elleniche della nuova forza profetica dello stabilire un rapporto umanicocentrico col mondo*[57], e/o la *humanitas/ umanizzazione* del mondo dell'*Homo symbolicus*, connotativa, al di là e al di sopra delle tragedie che hanno attraversato il "banco di macellaio" della storia del Novecento, della 'creazione' artistica occidentale, fino all'Occidente contemporaneo[58].

Una 'lectio' del *linguaggio astrattivo* dell'arte 'emersa', di contro al *provincialismo della ricerca accademica anteguerra*, coniugando sapientemente:

(...) *le pitture rupestri e la rivoluzione formale che l'astrattismo, nella sua ricerca di mettere in discussione il mondo vecchio e i suoi costumi, per ripartire dalla pienezza del mondo interno ed esterno dell'uomo, ha rappresentato nel primo Novecento*[59].

---

[56] RAGGHIANTI, *L'Arte in Italia cit.* (nota 43).
[57] C. L. RAGGHIANTI, *Arte, fare e vedere*, Firenze 1974, p. 94.
[58] In oggetto, B. QUILLET, *La tradition umaniste*, Paris 2002; F. CARDINI, *L'invenzione dell'Occidente*, Rimini, 2004.
[59] Vedi G. NICCO FASOLA, *Ragione dell'arte astratta*, Milano 1951, p. 7; dove, in copertina, è una costruzione spaziale di Max Bill dal titolo *Esagono a lati uguali nello spazio* e, nella prima tavola introduttiva all'arte astratta contemporanea, è una pagina incipitaria della Seconda Bibbia di Carlo il Calvo in cui campisce una grande A formata di *entrelacs* e di elementi fitozoomorfici, prodotta a documentare il 'nesso' linguistico-formale fra il "*work of angels*", che i monaci del "deserto monastico" iro-scottico hanno dedicato alla creazione dei *Gospel-books from Durrow to Kells*, e l'arte 'astratta' delle Avanguardie artistiche del primo Novecento; e EAD., *L'arte nella vita dell'uomo*, Pisa 1956 dove, in copertina, affaccia una pittura rupestre del periodo mesolitico tratta da Cueva del Civil-Gorge de la Vallporta (Castellōn, Spagna), rappresentante schematicamente un gruppo di arcieri.

Visione 'umanistica' e 'planetaria' della creazione artistica, comune alla fortunatissima *The Story of Art* pubblicata contestualmente, in altra parte dell'Occidente, da Ernst Gombrich (nato a Vienna nel 1909 da famiglia ebraica e stabilitosi a Londra dal 1936 per sfuggire alle persecuzioni naziste), nella chiave della "psicologia della forma artistica" e della "percezione visiva", da cui:

(…) *l'arte emerge come la catena vivente di una continua tessitura e trasformazione di tradizioni, dove ogni lavoro accenna al futuro e ricorda il passato (…), una catena vivente che collega ancora l'arte dei nostri giorni a quella dell'età delle piramidi* [60].

E pertanto, nel "cenacolo del the" cagliaritano e nella sua apertura serale alla sapienza disciplinare di Elena Cavalcanti, è nata la conoscenza che, dall'erezione e decorazione delle *perdas fittas* o *menhir* e dai 'segni' che hanno illuminato le tombe rupestri delle *domus da janas*, fino alle statuette della Dea Madre di tipo cicladico ritrovate in Sardegna, per eccellenza la 'bellissima' Dea Madre della "cultura di Ozieri", il linguaggio 'astratto' dei pilastrini/*pilastres* sardi a decoro geometrico, per eccellenza della raccolta di Casa Ruda, documenta che la Sardegna rappresenta un grande 'grembo' e 'testimone' dello statuto arcaico e basico dell'immaginario del sacro e della creazione artistica, quale l'*Homo symbolicus* ha inseminato e coltivato dalle "origini delle religioni" in ogni dove della sua storia in quanto, come ha osservato Jacques Le Goff nel volume *Sistematica* della Enciclopedia Einaudi (Enciclopedia delle scienze umane):

(…) *anche se l'esistenza di una religione popolare – forma religiosa della stratificazione sociale – può far pensare che ci sia un sacro popolare diverso dal sacro ufficiale, un sacro lento nel cambiare – la qual cosa deve ancora essere provata –, il sacro cambia ma è dentro alla storia*[61].

E mi piace anche richiamare che, studiando il paesaggio che fa da sfondo alla Gioconda, mi è occorso di conoscere, dagli studi di Leonardo, che la Sardegna rappresenta anche lo 'scrigno' della terra più antica d'Italia e una delle più antiche d'Europa, in cui le rocce che affiorano nella sua parte meridionale risalgono al Cambriano (Paleozoico inferiore, da 570 a 500 milioni di anni fa)[62]. E la presenza in Sardegna dell'*Homo habilis, homo erectus*, viene fatta risalire al Paleolitico inferiore (da circa 2,5 milioni a circa 120.000 anni fa).

---

[60] E. H. GOMBRICH, *The Story of Art*, Londra 1950; prima ed. it. *La storia dell'Arte raccontata da Ernst H. Gombrich*, a cura di M. L. SPAZIANI, Torino 1966: ID., *La storia dell'Arte*, Londra 2008; la frase citata, dalla presentazione dell'opera di Sir Ernst Gombrich, nel risguardo di copertina della III ristampa (a. 2014).

[61] J. LE GOFF, *Sacro, profano, 2. Inventario del sacro*, in *Sistematica*, Enciclopedia Einaudi, 15, p. 556.

[62] In oggetto, fra i numerosi studi di Leonardo, vedi in particolare il disegno a sanguigna *Veduta di una vallata con sfondo di montagne* del 1499 ca. (Windsor Castle Royal Library), già proposto a riscontro delle montagne del fondo della Gioconda da A. CHASTEL, *L'illustre incomprise. Mona Lisa*, Paris 1988, fig. p. 105, ed. it. *La Gioconda. L'illustre incompresa*, Milano 1989, fig. p.105; e che torna nella ricca documentazione e nelle analisi prodotte nel grandioso Catalogo della Mostra milanese di Palazzo Reale, *Leonardo da Vinci. 1452-1519. Il disegno del mondo*, a cura di P. C. MARANI- M. T. FIORIO, Milano 2015, nel saggio su Leonardo "pittore scientifico", di M. T. FIORIO, *Natura e scienza della pittura*, pp. 83-103.

VI. In ultima sintesi, devo allo straordinario patrimonio artistico della Sardegna, e ai colleghi e agli allievi che hanno collaborato allo studio dei 'nuovi' pilastrini/*pilastres* reperiti in Sardegna, la conferma del linguaggio scultoreo altomedievale non quale 'affondamento' dell'arte classica nel "buio del Medioevo" per la sua *contaminatio* con l'*horror vacui* barbarico – nello specifico della Sardegna, dei 'barbaricini' *adoratori della pietra e del legno* della prima 'lectio' (fieramente 'censoria'!) di Gregorio Magno[63] –, ma quale 'tappa' fondamentale del percorso che, dagli artefatti litici e dai ritmogrammi/mitogrammi aurorali, alla "rinascenza" dell'età carolingia, all'arte dell'Umanesimo e Rinascimento, alla ricerca delle Avanguardie artistiche del Novecento – tragicamente interrotta dalle due "Guerre Mondiali" –, ha promosso, fino all'Occidente del presente, l'emergere nella forma 'astratta' del *linguaggio primigenio ed eterno dell'arte* dell'«*Homo symbolicus*».[64]

Come proposto dal progetto scientifico della mostra, *Paul Klee. Alle origini dell'arte* (Fig. 43 a), aperta al Mudec di Milano il 31.10.2018 nelle parole di Filippo Del Corno, assessore alla cultura del Comune di Milano, il quale spiega:

(…) *percorrendo le fasi e trasformazioni del pensiero e della visione di Paul Klee, la mostra accompagna il visitatore in un viaggio alla ricerca del tempo originario dell'arte, che Klee ha compiuto per avvicinarsi al cuore della creazione*[65].

Dove la prima opera proposta, in merito alle *Imprese e emblemi cosmici che hanno attraversato la creazione artistica*, è un particolare del sarcofago ravennate del V secolo, detto di Teodorico (Fig. 43 b) rapportato agli acquerelli 'cosmici' creati da Klee negli anni 1916-1923[66] (Fig. 44).

---

[63] In oggetto, S. CASARTELLI NOVELLI, Horror vacui" versus "amor infiniti": *la lezione della scultura altomedievale a quarant'anni dal* Corpus *della Diocesi di Spoleto*, in *Umbria cristiana: dalla diffusione del culto al culto dei santi*, Atti del XV Congresso Internazionale di Studi sull'Alto Medioevo (Spoleto, 23-28 ottobre 2000), Spoleto 2001, pp. 749-786; EAD., *L'immagine né idolo né icona' nella concezione del primo 'papa monaco' della Chiesa di Roma* in L. ERMINI PANI (a cura di), *L'Orbis Christianus Antiquus di Gregorio Magno*, Atti del Convegno di studi (Roma, 26-28 ottobre 2004), Roma 2007, pp. 171-221.

[64] In oggetto, S. CASARTELLI NOVELLI *Dal Mediterraneo alle isole britanniche: il codice "altomedievale" della scultura d'occidente*, in *Acta XIII Congressus Internationalis Archaeologiae Christianae* (Split-Porec, 25 settembre-1 ottobre 1994), II, Città del Vaticano 1998, pp. 603-636.; EAD., *«Vedere l'invisibile»: il riemergere nell'Altomedioevo delle immagini 'ierofaniche' archetipe e solidali del sacro e lo speciale ruolo occidentale del 'piccolo libro' dell'Apocalisse/Rivelazione giovannea*, in *Arte Lombarda*, n.s., 146-148, 2006/1-3, pp. 5-22; EAD., *Organicità e astrazione: statuto e funzione del linguaggio altomedievale delle immagini alla luce della "macrostoria del segnico"*, in *Medioevo: arte e storia*, in A. C. QUINTAVALLE (a cura di), I convegni di Parma 10, Atti del Convegno internazionale di Studi (Parma, 18-22 settembre 2007), Milano 2008, pp. 191-207; EAD., *La 'nouvelle histoire' della rivoluzione dell'immagine in Occidente: dai "secoli bui" alle "avanguardie" del Novecento (e viceversa)*, in C. BOZZO DUFOUR (a cura di), *Itinerari mediterranei fra IV e IX secolo. Città-capitale e Deserto-monastico* (Genova, 11-13 novembre 2010), Collana di studi del Centro Interdipartimentale di Scienze Religiose dell'Università di Torino, Torino 2014, pp. 228-270.

[65] M. DANTINI, R. RESCH (a cura di), *Paul Klee. Alle origini dell'arte*. Catalogo della Mostra (Mudec-Milano, 31 ottobre 2018-03 marzo 2019), ; la cit. dalla *Presentazione* di F. DEL CORNO, p. 11.

[66] In oggetto, *ibidem*, M. DANTINI, *Paul Klee e il "nulla", 1916-1923*. p. 17, richiama da FRANZ MARC, *Prefazione alla seconda edizione dell'almanacco del Blaue Reiter*, Piper, Monaco 1914: *E' stupefacente vedere come i primi cristiani abbiano potuto trovare in sé la forza per giungere alla quiete malgrado vivessero tra efferatezze e crudeltà di ogni genere. Giorno dopo giorno anche noi ci affanniamo a trovare in noi quella quietecui aneliamo.*

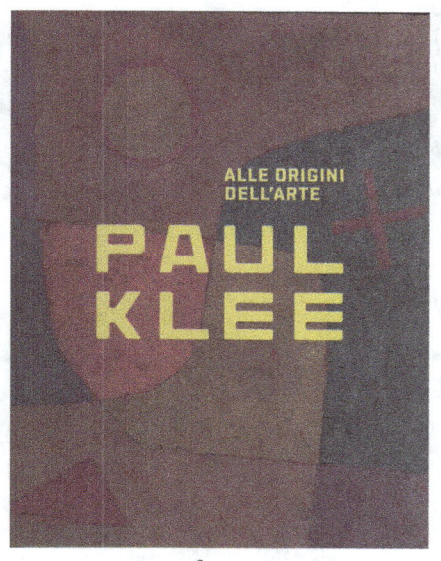
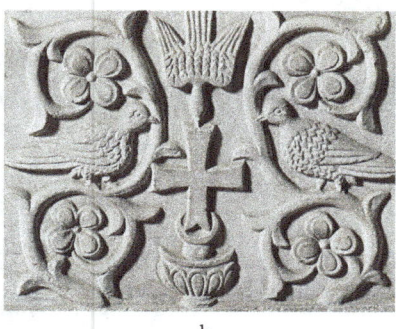

Fig. 43. a) Il catalogo della mostra *Paul Klee. Alle origini dell'arte*; b). Ravenna, S. Apollinare. Particolare del sarcofago di Teodorico.

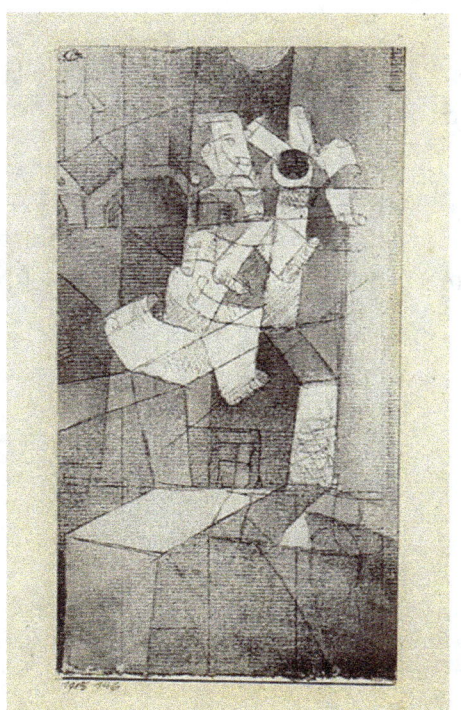
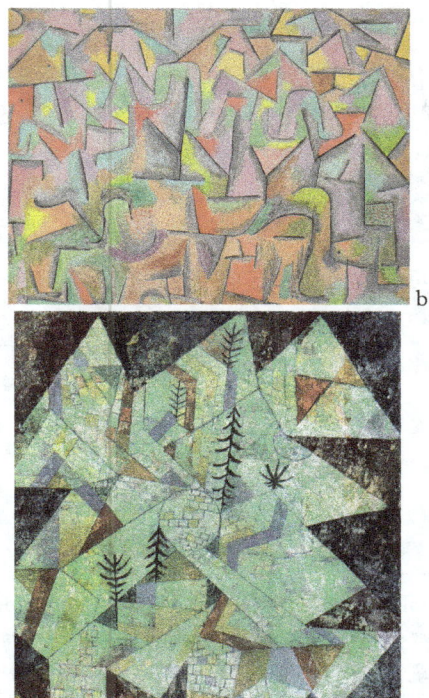

Fig. 44. P. *Klee, a) Band-Blume/Fiore-Nastro*, 1915; b) *Paesaggio roccioso*, 1937; c) *Paesaggio in verde con mura*, 1919.

E la citazione da Paul Klee che chiude il Catalogo, recita:

> *Contemplo il creato da un punto*
> *di vista remoto, primigenio,*
> *secondo formule preconcette,*
> *che abbracciano a un tempo l'uomo,*
> *l'animale, la pianta, il minerale,*
> *gli elementi, tutte le forze*
> *operanti dell'essere.*

Una visione della *'eternità' del linguaggio dell'arte* dell'*Homo symbolicus* storico e transtorico, procedente, dalle *origini della creatività* negli astratti ritmogrammi/mitogrammi/cosmogrammi aurorali, alla creazione artistica dell'oggi, di contro alle distruzioni delle creazioni artistiche in atto da parte di fanatici religiosi dell'*unico vero Dio* (!); come oggi 'illustra', alla direzione della Galleria d'Arte Moderna di Roma, a seguire alla direzione 'storica' di Palma Bucarelli ai tempi di Argan, la laureata all'Università di Cagliari in Storia dell'Arte Medievale Cristiana Collu, nella sua prestigiosa attività di ricerca, aperta al valore della 'perennità' della creazione artistica nel nuovo mondo in cui dialogano arte, arti applicate, design, artigianato e comunicazione digitale[67].

E come dimostra la nota autografa apposta da Letizia, alla mia copia della lettera di ringraziamento indirizzata ai relatori dello 'storico' Convegno di Cuglieri del 1987 (Fig. 45), che recava, in calce:
Un arrivederci a presto meno ufficiale L. Ci sarà da scrivere un post- convegno con le tue croci protagoniste!

'Croci', per antonomasia, le figure di codice 'astratto', indubitabili protagoniste dei miei studi, alla luce delle nuove chiavi d'analisi poste in campo nell'ultimo quarto del Novecento dalle scienze del segnico[68].

---

[67] In merito alla 'perennità' della creazione artistica, vedi la *Premessa di attualità* in S. CASARTELLI NOVELLI, *La 'polarità della Gerusalemme celeste «La dimora di Dio con gli uomini» (Ap. 21.3) nella Roma «capitale cristiana» e nella Roma «capitale imperiale»*, Lecce 2018, in cui la bibliografia si arresta al dicembre 2016 (data di composizione); per le pubblicazioni più recenti, in cui "scienze e *humanitas* s'incontrano", vedi E. O. WILSON, *The Origins of Creativity*, London 2017, ed. it. a cura di T. PIEVANI, *Le origini della creatività*, Milano 2018; M. WOLF, *Reader, Come Home: The Reading Brain in a Digital World*, London 2018, ed. it. a cura di P. VILLANI, *Lettore vieni a casa. Il cervello che legge in un mondo digitale*, Milano 2018; P. A. M. DIRAC, *La bellezza come metodo. Saggi e riflessioni su fisica e matematica*, a cura di V. BARONE, Milano 2019.

[68] In oggetto, vedi S. CASARTELLI NOVELLI, *Il "codice" figurativo: letture di semiotica generale e di semiotica sistemica*, Ia ed. "Centro di ricerche semiotiche" di Torino, VII, 2, Torino 1983, IIa ed. Roma 1996. Una analisi che alla mia prima proposizione a Spoleto, nella lezione *Segno salutis e segno 'iconico': dalla "invenzione" costantiniana ai codici astratti del primo altomedioevo*, in *Segni e riti nella chiesa altomedievale occidentale*, XXXIII Settimana di Studio del Centro Italiano di Studi sull'Alto Medioevo (Spoleto, 11-17 aprile 1985), Spoleto 1987, I, pp. 105-172, ha incontrato un qualche 'sconcerto' (tale che, "è storico", Franco Pani, diligente uditore, ebbe a declamarne a commento: *Si voi godé la stima dell'amichi, n'un gl'hai da fà capì quello che dichi!*).

Fig. 45. La lettera di ringraziamento ai relatori del convegno di Cuglieri e particolare della nota autografa di Letizia Ermini.

Una promessa di Letizia mantenuta quando, al mio passaggio nell'anno accademico 1994-1995 alla Cattedra di Storia dell'arte Medievale dell'Università degli Studi "Roma Tre", Letizia mi chiamava a programmare e condividere il *Progetto delle Ricerche internazionali: Euro-mediterraneo, vicino Oriente*, da cui, principalmente, il mio *Progetto pilota Deir el Ahmar, Deir Amba Bishoi Convento Rosso (Egitto)*, concluso nel 2004, e la ricerca delle porte basaltiche della Siria "bizantina", conclusa nel 2005[69]; e contestualmente mi chiamava a partecipare al nuovo

---

[69] In oggetto, S. CASARTELLI NOVELLI, *Introduzione*, in B. MAZZEI (a cura di), *"Progetto pilota Deir el Ahmar, Deir anba Bishoi "Convento Rosso"*, Università degli Studi di Roma Tre, Roma 2004, pp. 7-47; S. CASARTELLI NOVELLI,

"cenacolo del the" (questa volta canonicamente delle cinque pomeridiane!), aperto nel suo studio romano di piazza S. Cecilia – già il *germanicum* degli studenti romani –, alle riunioni del sabato pomeriggio dedicate al *Corpus della scultura altomedievale*, e alle riunioni della domenica – maestro di cerimonia il figlio Giacomo, il quale apparecchiava il the, non a caso, con una tovaglietta a decoro 'astratto' portata dalle mie esplorazioni al Nord! (Fig. 46) –, dedicate, queste seconde, alla elaborazione e discussione dei temi dei mirabili Convegni che l'archeologa Letizia ha organizzato e cui ha presieduto scientificamente; chiamandomi sempre a collaborare, pur chiosando, con un lampo di malizia negli occhi, *se le tue analisi non sono accessibili a tutti, possono guardare le figure*!

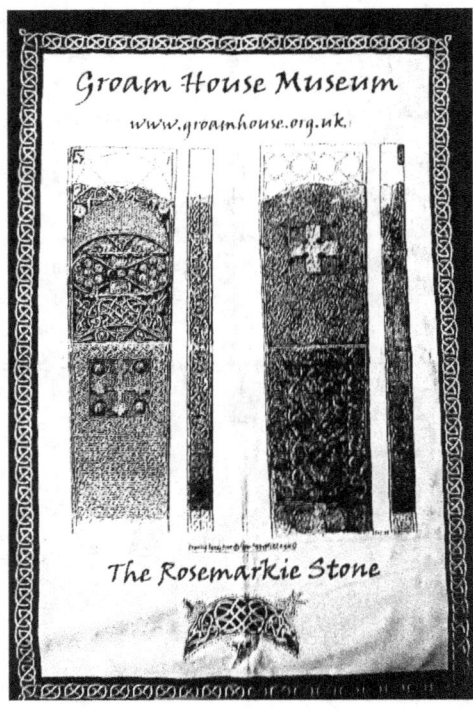

Fig. 46.

Da cui, per il mio intervento del 2010 al convegno *De Re Monastica III, Le valli dei monaci*[70], provvedeva ad aggiungere una 'orecchia' alla retrocopertina del volume, dove allocare *libenter* il CD delle 143 immagini eccedenti l'economia del volume.

C. MEUCCI ET ALII, *Convento Rosso (Sohag)*, in *R.I.S.E. – Ricerche italiane e scavi in Egitto* (Raccolta delle Relazioni delle Missioni Italiane in Egitto 2002-2003), Centro Italiano di Cultura del Cairo, I, Il Cairo 2004, pp. 61-72; EAD., *L'emergenza delle porte basaltiche della Siria "bizantina", nella macrostoria della pietra e della porta e della loro coniugazione "monumentale"*, in *Porte Basaltiche della Siria bizantina. L'eminenza monumentale e l'emergenza quantitativa*, Atti della Giornata di Studio, Roma 15 dicembre 2005 (http://host.uniroma3.it/laboratori/arteconservazione1/InterventoCasartelli.pdf); F. SEVERINI, *Porte Basaltiche della Siria bizantina. L'eminenza monumentale e l'emergenza quantitativa. Il Catalogo*, Tricase (LE) 2018, pp. 5-24.
[70] CASARTELLI NOVELLI, *«Domus deliciis plena» cit.* (nota. 10).

Tutte iniziative di alto profilo scientifico nel panorama europeo ed extra-europeo, che Letizia ha diretto e cui ha sovrinteso con animo fermo, fino al pomeriggio del 25 settembre 2018, testimone il figlio Giacomo, che ringrazio della sua promozione dell'ultimo incontro con Letizia, condiviso con la sua erede Francesca Romana Stasolla: oggetto di analisi la *crux de smalto depicta* di Pasquale I (Fig. 47).

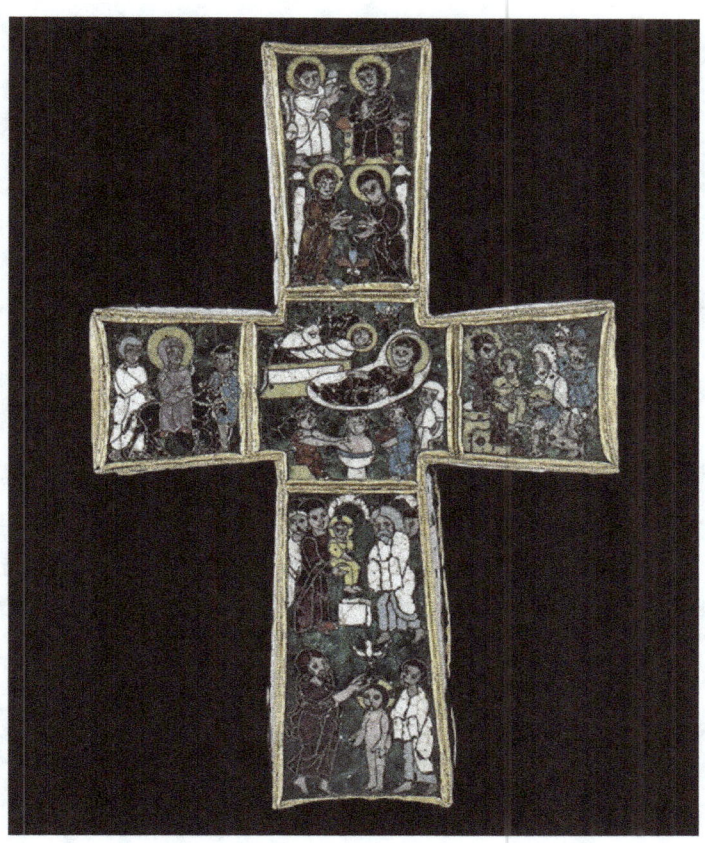

Fig. 47. La croce smaltata di Pasquale I (Musei Vaticani, inv. 61881).

Youcanprint
Finito di stampare nel mese di settembre 2019

www.ingramcontent.com/pod-product-compliance
Lightning Source LLC
Chambersburg PA
CBHW081816220526
45470CB00007B/2333